UN DISCOURS POUR TOUTES LES CIRCONSTANCES

Octave Ruyet

UN DISCOURS POUR TOUTES LES CIRCONSTANCES

DE VECCHI POCHE
52, rue Montmartre
75002 PARIS

Malgré l'attention portée à la rédaction de cet ouvrage, l'auteur ou son éditeur ne peuvent assumer une quelconque responsabilité du fait des informations proposées (formules, recettes, techniques, etc.) dans le texte.
Il est conseillé, selon les problèmes spécifiques – et souvent uniques – de chaque lecteur, de prendre l'avis de personnes qualifiées pour obtenir les renseignements les plus complets, les plus précis et les plus actuels possible.

Imprimé en Italie

Ce que l'on conçoit bien s'énonce clairement,
Et les mots pour le dire arrivent aisément.

BOILEAU

Avant-propos

La parole est d'argent mais le silence est d'or...

Que vient donc faire ici ce proverbe dont la sagesse et la vérité ne sont plus à démontrer ? Et par quelle ironie ouvre-t-il un livre tout entier dévolu au discours ? La raison en est simple : parler ne signifie pas seulement dire, car nombreux sont les idées, les sentiments et les sensations qui s'avèrent indicibles. Inversement, il n'est pas toujours bon d'expliciter trop avant un concept, un ressenti ou un élan, sous peine d'en dénaturer la force ou d'en circonscrire la portée en sombrant dans l'impudeur. Induire vaut alors mieux que dire, avec tout ce que cela suppose de tact et de nuance pour dessiner le contour de son propos sans en dévoiler totalement le **noyau**. Cette retenue, marque suprême de respect et d'élégance à l'égard de soi-même comme à l'égard de l'autre, a pour avantage de laisser l'orateur aussi libre que ses auditeurs vis-à-vis de ce qu'il évoque par l'entremise de son discours.

En invitant au partage plutôt qu'en imposant d'emblée un accord, on obtient plus facilement l'adhésion de ceux qui vous écoutent, car rien n'est plus engageant que l'absence de contrainte. De fait, ce que l'on sous-entend ainsi de façon discrète est généralement mieux perçu qu'une affirmation péremptoire qui délimite trop sèchement les notions que l'on désire **faire passer**. Et pour paradoxal que cela puisse paraître, on touche plus les autres par des voies indirectes qu'on ne saurait le faire en utilisant un style plus tranché.

C'est dire que l'art du discours est comparable à celui de la musique, qui tire son relief du silence sur lequel elle repose et sans lequel elle ne saurait véritablement exister.

Tout orateur, fut-il le plus occasionnel, devrait méditer sur ce point.

Introduction

Le mot discours – issu du latin *discursus*, francisé d'après *cours* – recouvre plusieurs sens, dont le plus répandu demeure celui de « développement oratoire fait sur un sujet déterminé, devant une réunion de personnes[1] ». Mais le terme de discours peut également s'appliquer à toute expression orale plus ou moins démonstrative que l'on rencontre par exemple dans la conversation. En poussant plus loin dans cette direction, le discours apparaît également apte à désigner l'ensemble de mots et de phrases qui constituent l'outil du langage propre à exprimer toutes les sortes de pensées. N'oublions pas, enfin, les acceptions formelles – qui renvoient alors aux écrits didactiques consacrés à des sujets spécifiques développés selon une méthodologie rigoureuse (*Discours de la méthode* de Descartes) – et grammaticales – discours direct et indirect du récit par exemple – du terme, qui viennent encore élargir la palette de ses significations. C'est dire la richesse particulière de ce mot dont les multiples facettes sont parfaitement décrites par Littré dans son dictionnaire : *Discours est le terme le plus général ; il se dit de tout ce qui est prononcé avec une certaine méthode et une certaine longueur : discours dans les assemblées législatives ; discours académiques ; discours de la distribution des prix. La harangue est un discours qui a de la solennité, et qui s'adresse à un corps, à un roi, à un personnage constitué en dignité, à une armée : oraison se dit ou plutôt s'est dit des discours des orateurs anciens : les oraisons de Démosthène, de Cicéron*[2].

Pour être tout à fait complet, on distinguera plusieurs autres types de discours en fonction de leur nature, de leur destination et du moment ou des circonstances dans lesquels ils sont prononcés. Ce sont : l'allocution

1. *Dictionnaire alphabétique et analogique de la langue française*, Le Robert, 1986.

2. Dictionnaire de la langue française.

(terme voisin de harangue), l'éloge (type de discours rendu célèbre par les académiciens français pour qui la cérémonie d'intronisation est suspendue à l'obligation de rendre hommage à leur prédécesseur en en faisant l'éloge), l'exposé (discours d'ordre essentiellement technique) et le toast (brève intervention invitant à boire en l'honneur de quelqu'un ou de quelque chose).

A cela, il convient encore d'ajouter toutes les formes de discours d'inspiration religieuse (sermon, prône, oraison) qui n'ont toutefois pas lieu d'être traités dans le présent ouvrage du fait de leur spécificité même – et les interventions de type conférence dont les règles particulières n'ont finalement que peu de rapports avec le sujet qui nous occupe.

Cela dit, qu'entendons-nous exactement par discours ? Toute intervention orale, improvisée ou non, prononcée devant un public plus ou moins nombreux, à la faveur de circonstances diverses comme une fête de famille (anniversaire, mariage, inhumation...), un rassemblement motivé par un événement officiel (remise de médaille ou de prix, hommage à un professeur, dîner en l'honneur d'une personnalité locale...), une réunion associative (création d'un groupe culturel ou de loisirs, séance régulière ou ponctuelle des membres d'une association, ouverture d'une assemblée générale ordinaire ou extraordinaire, compte rendu d'activité...), etc., à l'exclusion des discours politiques et religieux.

Autant d'interventions orales que nous illustrerons par une multitude de discours types dans lesquels chacun pourra trouver l'inspiration... ou que quiconque pourra reprendre *in extenso* si le ton et la matière lui conviennent.

Cela étant, ce travail n'a pas pour ambition d'épuiser un sujet aussi vaste, et c'est avec beaucoup de modestie que nous espérons qu'il pourra être utile au plus grand nombre.

Chapitre I

CONSTRUIRE UN DISCOURS

Toute intervention orale, aussi brève soit-elle, mérite une préparation méticuleuse. Parce que le discours public constitue un art à part entière et que ses règles sont radicalement différentes de celles qui régissent tout autre mode de communication.

Qu'on se souvienne, à cet égard, des différentes études faisant clairement apparaître que la parole laisse beaucoup moins de traces que l'écrit dans la mémoire des gens. Pour s'en convaincre, il suffit de se soumettre au petit test suivant : écoutez un bulletin d'informations radio un peu conséquent puis, à son terme, notez dans le désordre les différents sujets qui y ont été évoqués.

Recommencez le test quelques jours plus tard avec un bulletin d'informations télévisé. Puis quelques jours plus tard encore, en lisant cette fois-ci un journal.

Vous serez étonné des résultats. Quelle que soit la qualité de votre mémoire, il y a en effet fort à parier que la liste des sujets que vous aurez retenus sera insignifiante dans le cas d'un bulletin radio, plus conséquente dans celui du bulletin télévisé et nettement plus fournie après la lecture du journal.

Si vous n'êtes pas encore totalement convaincu, prenez en compte les efforts de réflexion que vous aurez eu à faire dans les différents cas pour retrouver le maximum d'informations. Force sera alors de vous rendre à l'évidence : la mémoire est beaucoup moins sollicitée par la parole que par l'écrit.

L'importance d'un tel exercice est évident : si l'on désire faire passer des idées par l'entremise d'un discours, il faut absolument se plier à différentes règles de base, sans quoi l'intervention n'aura qu'un impact dérisoire.

Une question de désir

Parler en public – fut-ce en petit comité et face à des proches – constitue une épreuve toujours redoutable. Cela tient bien évidemment au fait que nous sommes les héritiers d'une tradition qui a privilégié l'écrit, même si la tendance s'inverse avec l'avènement et la multiplication des moyens audiovisuels. Quoi qu'il en soit, nous sommes encore peu nombreux à maîtriser la communication orale, en dehors des conversations intimes qui ne souffrent guère des approximations de langage, des pauses outrancières et des silences malvenus. En petit comité, il est en effet toujours possible de préciser sa pensée sans en passer nécessairement par des métaphores éprouvées, puisqu'il n'y a généralement pas de limite temporaire rigide à l'échange. Mais il en va tout autrement en matière de discours, ne serait-ce qu'en vertu du fait que l'orateur est seul à parler – en dépit d'interventions ponctuelles de l'auditoire – et que son propos a pour but de faire passer une information précise, une idée ou un message.

D'où l'obligation de dépasser le cadre du monologue au bénéfice d'une intervention plus structurée dans laquelle la rigueur de la construction est aussi importante que le choix du style, compte non tenu du respect des règles spécifiques qui régissent la puissance, le débit et la musicalité de la voix, d'une part, et celles qui sous-tendent l'apparence physique, la présentation et la gestuelle d'autre part. En outre, on portera la plus grande attention aux conditions dans lesquelles doit être prononcé le discours : en quel lieu, en quelle occasion et devant quel auditoire.

Reste qu'il ne faut pas négliger un point essentiel qui prévaut sur tous les autres, à savoir que la réussite d'une intervention orale dépend avant tout du désir qu'on a ou non de la faire. Peu importent le trac, la peur, l'anxiété même quand l'envie de parler sous-tend l'intervention. Les auditeurs possèdent, en effet, un sixième sens capable de capter l'authenticité fondamentale de l'orateur, qualité grâce à laquelle ils seront spontanément amenés à lui pardonner ses errements et à excuser les failles de son discours. Ce qui ne signifie pas pour autant que l'orateur puisse se permettre toutes les fantaisies ou tous les relâchements. Le respect d'autrui a ses limites et un discours trop mal construit, trop gauche ou trop hésitant finit par lasser. Et dans ce cas, c'est le désastre : quand l'attention des auditeurs n'est plus mobilisée par l'intervenant, son discours se dégonfle aussi vite qu'un soufflé et l'épreuve devient intenable. On comprend mieux, dès lors, **l'importance d'une préparation sérieuse de son discours,** que le sujet soit futile, humoristique ou d'une importance capitale.

L'élaboration du plan

La première tâche consiste donc à structurer les différentes étapes de son discours. Ce qui revient à poser les deux questions essentielles :
– Qu'est-ce que je veux dire ?
– Et comment vais-je le dire ?

Qu'est-ce que je veux dire ?

Compte tenu des remarques faites plus haut, on prendra soin de **noter, une à une,** toutes les idées que l'on désire faire passer en se demandant chaque fois si elles sont toutes importantes. Il n'est pas rare, en effet, qu'au terme de ce premier travail, on s'aperçoive que certaines d'entre elles font doublon ou, qu'à tout le moins, elles s'avèrent finalement négligeables. Ce premier toilettage effectué, on passera à la mise en ordre de l'ensemble. Comment organiser son discours pour enchaîner logiquement chaque idée à une autre, en respectant l'indispensable ordre de progression sans quoi l'intervention risquerait de sombrer dans la monotonie ? Rien de pire (sauf peut-être dans les longs discours) qu'une intervention dans laquelle se succéderaient des pics d'intérêt et des instants de plat dont le mouvement sinusoïdal finirait par lasser les auditeurs. Amener l'idée que l'on considère la plus forte et, partant, la plus intéressante, au terme ultime de son discours constitue, en effet, le meilleur moyen de capter – que disons-nous capter : de captiver – son auditoire pour le porter jusqu'au sommet où l'on a voulu le mener, et l'abandonner face à la question essentielle qu'il lui reviendra alors de ruminer à son aise. Sans plan rigoureux, une telle démarche est généralement vouée à l'échec, sauf pour ceux dont les idées si claires et l'esprit si structuré vont de pair avec une facilité d'élocution manifeste et un sens de l'improvisation sans faille. Mais bien peu sont dotés de telles qualités et cet ouvrage ne leur est, d'ailleurs, pas destiné !

Comment vais-je le dire ?

A ce stade de l'élaboration, tout devient encore plus complexe. Outre le fait qu'il est impératif d'adapter son style au propos même de son discours – sauf à créer des effets qui demandent savoir, souplesse et expérience –, il est aussi indispensable de déterminer avec précision à quel public l'on s'adresse et dans quelles circonstances. On ne parlera en effet pas de la même façon à des amis ou à des étrangers, à des collègues ou à des représentants de professions différentes de la nôtre. Tout est, ici, question d'appréciation et d'analyse, l'essentiel étant de susciter des échos – positifs tant qu'à faire ! – chez ses auditeurs. Faire vivre son discours est une chose, le faire vivre par les autres en est une autre. Prenez donc garde à votre manière de penser, qui n'est pas forcément partagée par le plus grand nombre. Etudiez soigneusement la façon dont vous orchestrez vos phrases et vos idées, le sens que vous donnez au vocabulaire, de manière à ne pas laisser les auditeurs sur leur faim. Communiquer demande une bonne dose de **souplesse et d'abnégation** : mieux vaut avoir parfois le sentiment d'être peu brillant mais aisément compréhensible, plutôt que de s'emballer dans des discours qui n'intéresseront personne.

Le plus simple consiste donc à rester dans la norme, autrement dit de choisir des mots et un style qui ne soient pas trop originaux, quitte à se rattraper en faisant preuve d'humour ou en privilégiant l'affectif. En un mot, il s'agit de se rendre agréable. Une telle attitude présente, en effet, le mérite de faire baisser la garde des auditeurs qui, conquis, seront mieux à même de recevoir le message que vous désirez faire passer. Dans le cas contraire, chacun se bloquera et, campant sur ses positions, deviendra littéralement imperméable à votre discours...

Prenez donc garde aux effets de manches et aux trop grands élans d'intelligence qui, pour fascinants qu'ils vous paraissent, risquent de rendre votre auditoire des plus hostiles. Croyez-nous : une vérité universelle introduite à bon escient fait plus pour la réussite d'une intervention qu'une idée trop savante jetée à l'emporte-pièce. Mais nous reviendrons ultérieurement sur ce point particulier.

Problèmes stylistiques et autres

La question suivante à laquelle vous allez être confronté est de déterminer les moyens techniques que vous devez utiliser pour parvenir au but souhaité qui est, rappelons-le, la pénétration et la clarté. Ces moyens techniques sont de plusieurs ordres : ils relèvent tout à la fois de la stylistique, de la tonalité générale de l'intervention, du choix des mots et des images, de la longueur du propos et, enfin, de l'expression vocale proprement dite.

Cela fait beaucoup, direz-vous, et vous aurez raison. Mais entre le principe et le mécanisme qui le rend possible, il y a toujours un monde ; songez par exemple au moteur à explosion : rien de plus simple que l'idée qui fut à l'origine de sa création, mais quelle complexité technique quand on considère l'agencement de chaque pièce de l'assemblage ! Il en va de même en matière de discours et, finalement, cela vaut mieux..., sinon il n'y aurait aucun mérite à prendre la parole en public. Et si la réussite d'un discours chatouille toujours un peu la fibre narcissique, ne nous en plaignons pas : la récompense réside avant tout dans le plaisir !

Problèmes stylistiques

On ne s'adresse pas de la même façon à des auditeurs selon que l'on intervient auprès d'un aréopage d'intellectuels ou devant les membres d'un club sportif. Dans la même optique, on ne parle pas de la même manière à des proches réunis pour une fête familiale ou amicale, qu'à des étrangers rassemblés à l'occasion d'une circonstance plus ou moins officielle. Il s'agit donc d'adapter son discours à son auditoire, non seulement dans l'élaboration du plan, mais aussi dans le choix des mots et des images. Mais avant tout et dans tous les cas, on respectera la règle sacro-sainte qui régit la communication dans son ensemble : le **pas plus d'une idée par feuillet** du journaliste de la presse écrite devient, ici, pas plus d'une idée par séquence. Pas question, en effet, d'enchaîner les idées comme on enfile des perles sur un collier. Chacune d'entre elles doit faire l'objet d'une introduction patiente et d'un développement soutenu, au besoin, par des exemples ou des images, avant de laisser place à la suivante. Si l'on ne se plie pas à une telle loi, le discours a tôt fait de rater son but, s'embourbant lui-même dans une richesse préjudiciable à l'échange.

Le choix des mots

Nous l'avons dit précédemment, mais nous le répétons avec insistance : le choix du vocabulaire doit être le plus simple et le plus juste possible (sauf si l'on s'adresse à une corporation qui possède son propre langage, bien sûr). Rappelez-vous que les plus grands écrivains sont ceux qui utilisent les mots les plus précis et le style le plus fluide ; bref, ceux dont les écrits donnent l'impression d'être spontanément accessibles au plus grand nombre sans qu'il soit besoin de faire des efforts particuliers pour les comprendre. Relisez au besoin vos classiques, parmi lesquels Gustave Flaubert, Guy de Maupassant, Alphonse Daudet ou Valéry Larbaud dont la langue est d'une simplicité si évidente que la notion même de littérature s'efface au bénéfice d'une limpidité qui constitue, en fait, l'essence même de leur art. Les mots usuels, pour peu qu'ils ne puissent être interprétés dans un sens ou dans un autre, constituent donc une matière première de choix dans laquelle vous puiserez à loisir. Une telle sélection aura, de plus, l'avantage de vous éviter le piège de l'autocomplaisance, défaut toujours malvenu quand on se pique de communication directe.

La tonalité générale du discours

Parler avec des mots que tout le monde comprend aisément – parce qu'ils font partie du langage quotidien – colore d'emblée le discours d'une tonalité sympathique, qui pousse à l'adhésion. Il en va de même de l'organisation des phrases. Gare aux constructions trop ampoulées ou trop savantes, de celles qui ne font effet que dans les livres. Là encore, la simplicité et l'efficacité sont de rigueur. **Ne vous laissez donc pas entraîner dans des propositions fleuves,** raccordées aux autres de façon grammaticalement juste, mais dont la complexité risque de constituer un écueil à la compréhension des auditeurs. Préférez plutôt les phrases courtes, dont le sujet clairement répété permet de mieux saisir le cours de la démonstration. Ce qui ne veut pas dire qu'il faille se contenter d'une succession de propositions d'une sécheresse sans nom, dont la monotonie serait, à terme, insupportable ! Ici, comme en toute chose, le moyen terme est de rigueur.

De cette manière, une phrase plus complexe sera naturellement mise en relief et donnera un éclat singulier à votre intervention. Mais attention : simplicité ne doit jamais être synonyme de facilité. Méfiez-vous donc comme de la peste de ces mots et tournures tous faits que l'on a déjà trop tendance à utiliser dans les échanges quotidiens. Cités à titre d'exemple ou dans une visée purement humoristique, de tels emprunts peuvent néanmoins vous servir à instaurer une réelle connivence avec votre auditoire, mais n'en abusez pas...

Tous ces conseils de fluidité et de simplicité valent également pour les conjugaisons verbales. Si le présent, temps habituel du discours, ne pose évidemment pas de problème, il en va tout autrement des temps passés dont l'emploi est rendu nécessaire par la teneur même de certaines interventions. Un rappel historique, une anecdote ancienne peuvent ainsi être traduits à l'aide d'un imparfait, d'un passé simple, voire d'un plus-queparfait. De même, l'évocation d'une possibilité à venir impose l'emploi du futur ou du conditionnel. Compte tenu des bizarreries de la langue française et de la musicalité singulière de certaines tournures de la conjugaison verbale, on prendra soin d'éviter systématiquement toutes formes dont la préciosité apparente pourrait passer pour de l'affectation. Mieux vaut ainsi privilégier une formulation usuelle, plutôt que de sacrifier à tout prix au purisme grammatical, quand bien même un discours parfaitement maîtrisé puisse tirer d'insignes avantages d'une formulation en tous points fidèles aux lois de la rhétorique.

Quoi qu'il en soit, une affirmation bien carrée vaut mieux qu'une circonvolution ampoulée. Par exemple, il vaut mieux dire : *Nous avons été les premiers à nous engager dans cette voie* que *Nous fûmes les premiers à nous engager dans cette voie*. L'emploi du conditionnel donne des exemples encore plus convaincants ; ainsi mieux vaut dire : *Nous nous serions engagés dans cette voie, si vous nous en aviez donné les moyens* que *Nous nous serions engagés dans cette voie si vous nous en eussiez donné les moyens*. Bannissez donc les temps **compliqués** au bénéfice de tournures peut-être moins élégantes mais plus **immédiates**, qui présentent le double avantage d'être aussi compréhensibles – sinon plus – que tout autre, et de vous éviter de vous couper de votre auditoire. Une trop grande singularité risque, en effet, de creuser un abîme entre l'orateur et son public, et ce genre de détail suffit parfois à amputer la portée d'un discours par ailleurs passionnant. Reste qu'il vous revient d'apprécier, cas par cas, les possibilités qui vous sont ainsi offertes par le langage, étant entendu que le choix d'un temps généralement peu usité dans la communication orale peut servir un effet de style propre à resserrer l'attention de l'auditoire.

Cela dit, la tonalité d'un discours ne dépend pas seulement du choix des mots et de la construction des phrases ; elle est aussi fonction du style d'expression. Une intervention très rationnelle ne produit bien évidemment pas le même effet que si elle est traitée dans un style plus lyrique, par exemple. Il convient donc d'adapter le style de son discours aux thèmes qu'il aborde et au public à qui il est destiné, étant entendu que ce choix est également déterminé par l'impact recherché sur l'auditoire. C'est ainsi qu'un discours d'inspiration poétique peut tout aussi bien servir un propos sérieux que sous-tendre des visées plus humoristiques, le secret résidant dans l'adaptation parfaite ou dans le décalage volontaire du style à son objet.

Il est donc essentiel **de déterminer très précisément la coloration que l'on désire donner à son discours afin d'en garantir la portée**, tout faux pas se payant au prix de l'inefficacité ou, pis, du ridicule. Car, ne l'oublions pas, le discours est par nature déformant, soit par inflation (mots et idées y prennent une dimension singulière), soit par dépression (dans ce cas, une notion peut tout à fait disparaître si elle n'a pas été judicieusement amenée). Un lyrisme outrancier, originellement conçu pour captiver les auditeurs et les prendre littéralement à la gorge, peut ainsi déboucher sur une attitude de désintéressement ou de rejet total. Bien rares sont, en effet, les Malraux à pouvoir jouer avec autant de vélocité sur le pathétique sans succomber à l'emphase de leur propre discours.

Les images

Ces réflexions nous amènent donc tout naturellement à évoquer le problème des images, comparaisons, exemples, symboles, allégories et autres métaphores. Ces éléments indispensables du discours ont pour vertu première d'illustrer les propos de l'orateur, qui peut ainsi échapper à une trop grande abstraction. Mais là encore, attention : une image trop floue ou, au contraire, trop explicite, peut ruiner l'architecture du propos.

En d'autres termes, s'il est important de s'appuyer sur des images, **on ne saurait se limiter à elles seules** pour faire passer ses sentiments et ses idées. Elles ne doivent donc être utilisées qu'à titre de renforts du discours proprement dit, sauf si elles sont porteuses d'un sens universel. Et l'on ne perdra pas de vue qu'un exemple, une image, un symbole ou une métaphore parfaitement assimilé par la conscience collective peut légitimement apparaître comme une facilité d'expression, sinon un véritable cliché. La vivacité du discours implique donc qu'on n'y fasse appel qu'avec parcimonie, en prenant toujours soin d'adapter l'illustration au propos dont elle est censée concrétiser, voire prolonger le sens. Inversement, la multiplication inconsidérée des images risque d'occulter la logique intrinsèque du discours, au point même de s'y substituer. Le résultat serait alors comparable à une très belle réalisation architecturale dont les beautés seraient rendues invisibles par une trop grande abondance d'étais. Prudence et mesure s'imposent donc comme des règles clés dont le non-respect peut avoir des conséquences catastrophiques.

Les citations

Comme les images, elles constituent les maillons essentiels du discours ; et tout comme elles, leur utilisation doit être précautionneusement pesée. D'abord parce que les vérités supposées qui en justifient l'emploi peuvent ne pas être partagées par l'ensemble des auditeurs ; ensuite, parce qu'il existe dans la plupart des cas des citations tout aussi honorables de sens contraire ; et enfin, parce qu'il ne saurait être question de bâtir un discours personnel en s'appuyant exclusivement sur les dires d'autrui.

Un emprunt bien choisi fait plus pour la dynamique d'un discours qu'une accumulation démonstrative : induire vaut mieux qu'imposer.

Jeux de mots et anecdotes

Utilisés à bon escient, jeux de mots et anecdotes sont très utiles au discours en ce qu'ils lui insufflent **une vitalité singulière** ; les premiers en détendant l'auditoire par un sourire ou un rire collectif toujours bénéfique, les secondes en faisant entrer l'expérience pratique dans l'univers par essence abstrait du discours. Véritables balises de l'intervention orale, ils permettent de donner un second souffle au propos qui, dès lors, s'articule avec beaucoup plus de souplesse et **passe** ainsi d'autant plus aisément. Mais, là encore, l'économie est de rigueur, trop d'inserts de ce genre aboutissant à obscurcir le sens intime du discours.

Il ressort donc clairement que l'absence de tout exemple, comparaison, métaphore, etc., appauvrit d'autant le tissu du discours qui, plus que tout autre moyen de communication, a besoin de ce genre de **bouées**.

Durée du discours

En dehors des cas spécifiques où l'orateur, soit par nécessité objective, soit par effet stylistique, se voit contraint d'abréger ou de prolonger son intervention, chacun sait qu'un discours trop bref ou trop long constitue une épreuve bien désagréable pour l'auditeur. Rester sur sa faim est, en effet, aussi peu confortable qu'attendre la fin d'un discours fleuve. Dans les deux cas, le résultat est identique : l'objet du discours semble ne pas avoir été convenablement traité par l'orateur, par excès ou par défaut. Autant que faire se peut, on privilégiera donc les interventions d'une durée raisonnable, sachant que l'attention des auditeurs est somme toute limitée, aussi passionnant que soit le sujet du propos.

De plus, certaines circonstances imposent des durées d'intervention très précises, sous peine de **rater son effet** en brisant l'unité du moment qui lui sert de cocon. Imaginons quel désastre serait un discours interminable prononcé à la fin d'un banquet de mariage, alors même que la préoccupation de chacun est de fêter plus convivialement l'événement. L'orateur en serait pour ses frais, qui apparaîtrait comme un insupportable gêneur pris en flagrant délit d'inintelligence...

L'improvisation

La rigueur avec laquelle on conçoit, prépare et construit son discours ne doit toutefois pas exclure la possibilité d'une improvisation. Une idée soudaine, une anecdote oubliée, un sursaut d'humour doivent, en effet, pouvoir trouver place dans le déroulement de l'intervention, quelle que soit la méticulosité avec laquelle on l'a préparée. Ces sursauts spontanés constituent, en effet, un petit **plus** auxquels les auditeurs sont généralement sensibles, à condition bien sûr que l'orateur soit suffisamment à l'aise pour s'écarter un instant de son plan initial et reprendre le cours de son propos sans accroc ni hiatus. Si ce rajout impromptu est effectivement bien choisi et s'il s'insère à point dans le corps du discours, l'effet est garanti. Certaines improvisations toutes aussi percutantes sont parfois suscitées par une réaction soudaine de l'auditoire. Un rire, un murmure collectifs peuvent ainsi justifier une digression ou une précision non prévue initialement par l'intervenant, pourvu que ce dernier saisisse au vol cette manifestation incontrôlée de son public et l'utilise comme un tremplin. Chance lui est alors donnée de renforcer le climat de complicité qui le lie à son public, voire d'instaurer une réelle intimité avec lui, à travers un échange qui devient, dès lors, interactif.

Chapitre II

PRONONCER UN DISCOURS

Toutes proportions gardées, l'art du discours pourrait se comparer à celui de la conduite. Outre le fait qu'une certaine pratique est indispensable pour maîtriser au mieux les impondérables de la circulation, vigilance et disponibilité constituent les deux atouts clés du conducteur. Dans l'un et l'autre cas, l'orateur comme le pilote sont seuls aux commandes, charge leur revenant d'atteindre, étape après étape, le but qu'ils se sont fixé. Conduire un discours à son terme consiste donc à assumer toutes les contraintes techniques et méthodologiques inhérentes à cet art, en s'impliquant physiquement, intellectuellement et affectivement, sans oublier l'indispensable projection dans l'avenir qui permet d'anticiper les difficultés pour mieux les contourner. C'est dire que l'orateur se doit d'être attentif aux échos que suscite son discours chez les auditeurs, sa réceptivité lui permettant alors de moduler son intervention en fonction des réactions de chacun. Disons-le tout net : cette souplesse d'adaptation n'est pas donnée à tout le monde et son apprentissage se fait de façon progressive. Autant dire que les orateurs ponctuels risquent de « **perdre les pédales** » si les remous qu'ils suscitent dans leur auditoire dépassent les limites qu'ils se sont implicitement fixées. D'où l'intérêt évident de s'entraîner un minimum avant les premières interventions, de manière à ne pas se laisser prendre de court ; et de se pénétrer des discours types proposés à titre indicatif dans la seconde partie de cet ouvrage. Comme dit le proverbe : un homme averti en vaut deux. A chacun donc de se préparer en déterminant tout d'abord ses points faibles pour pouvoir les travailler en priorité.

Tout orateur potentiel doit donc s'interroger sur :

– sa voix : timbre, tonalité, puissance ;

– sa façon de s'exprimer : débit, diction, articulation, prononciation, ponctuation ;

– sa présentation ;

– sa gestuelle.

Cette réflexion à l'égard de soi-même doit également prendre en compte les circonstances dans lesquelles sera prononcé le discours, dans quel décor et devant quel public. Il est bien évident que l'on ne prend pas la parole de la même façon selon que l'on se trouve invité à une fête entre amis ou que l'on intervient au cours d'une manifestation moins intime.

Enfin, et cette remarque intéressera le plus grand nombre, on prendra la mesure exacte de son trac et on mettra tout en œuvre pour en atténuer les effets ; car rien n'est plus frustrant que de« rater » une intervention mûrement réfléchie pour de stupides problèmes de timidité excessive.

Toutes les chances mises de votre côté, vous pourrez alors aborder la phase active du discours en pleine possession de vos moyens.

La voix

Outil clé de la communication orale, la voix prend, dans le discours, valeur d'instrument. Plus encore que sa puissance, c'est son timbre qui importe ; et sa tonalité plus encore que son timbre. Sur ce point, une expérience amusante, menée par un célèbre animateur de télévision s'est révélée plus que convaincante ; la voix de l'invité du jour, chanteur de charme s'il en est, fut soumise aux distorsions d'un synthétiseur. Résultat : la mélodie initiale, qui bénéficiait d'une interprétation on ne peut plus veloutée, se transmua bientôt en une succession de sons nasillards qui lui ôtèrent toute sa séduction. Mieux encore : ainsi restituée, la chanson était parfaitement ridicule. Est-ce à dire qu'une **vilaine** voix constitue un handicap insurmontable ? Pas vraiment, si tant est que l'orateur sache contrebalancer ce désavantage en développant les aspects plus positifs de son organe. Comment ? En tirant le meilleur parti des variations d'intonation et d'intensité de sa voix.

Mais avant d'aller plus loin, précisons rapidement le sens que nous donnons à ces différents termes.

L'intensité

Essentiellement tributaire de la force avec laquelle l'air s'applique sur les cordes vocales, l'intensité de la voix se traduit par une ampleur de son plus ou moins importante.

Le timbre

C'est la carte d'identité vocale de l'individu, qualité spécifique des sons qu'il émet, indépendamment de leur hauteur, de leur intensité et de leur durée.

L'intonation

Encore dénommée hauteur de voix, l'intonation entretient des rapports étroits avec la musique en ce sens qu'elle s'exprime par des variations de tons qui permettent au discours d'échapper à la monotonie.

Contrairement aux idées reçues, une voix forte ne fait pas obligatoirement un bon orateur. L'importance réside moins, en effet, dans la puissance de la voix que dans sa **qualité de pénétration**, si l'on ose dire. Une voix peut être fluette et posséder une certaine ampleur, tandis qu'une voix plus puissante peut, à l'usage, s'avérer moins convaincante. De même, s'il est communément admis qu'une voix chaleureuse incite plus facilement à l'écoute qu'une voix *a priori* ingrate, on aura tôt fait de constater que la véritable séduction réside plus dans la manière qu'a l'orateur d'exploiter ses possibilités propres que dans la qualité première de la voix elle-même. C'est que la communication orale ne se résume pas à son seul organe, tout comme le charme n'est pas exclusivement tributaire de la beauté. Combien d'hommes et de femmes aux traits éloignés des canons esthétiques s'avèrent plus plaisants à regarder que des êtres pourtant mieux lotis par la nature ! C'est pourquoi l'orateur qui aime parler – comme nous l'avons dit plus haut – approfondira naturellement toutes les possibilités d'expression de sa voix, privilégiant ainsi les accents qui en fondent la véritable personnalité. Et qui dit accent, dit musicalité.

En d'autres termes, la voix est **l'instrument du discours-partition**, charge restant à l'orateur d'en donner la meilleure interprétation. Grâce à quoi il sera en mesure de séduire son auditoire tout en exploitant jusqu'aux défauts inhérents à son propre organe. C'est dire l'importance du ton dans le déroulement du discours : trop uniforme, il ennuie, et trop varié, il lasse. Le meilleur conseil que l'on puisse donner à cet égard est donc de respecter au plus près les intonations que l'on aurait spontanément prises dans une conversation privée, en les forçant un peu – mais sans jamais les outrer – sachant que la situation de monologue face à un public composé de plusieurs personnes implique **une légère théâtralisation** pour soutenir les effets désirés.

On attirera enfin l'attention sur le fait qu'une anxiété excessive se traduit immanquablement par un tremblement de la voix qui devient simultanément plus aiguë, compte non tenu d'une accélération de débit manifeste. Ce problème, que l'on peut résoudre avec un peu d'entraînement (comme nous le verrons dans un autre chapitre), s'avère particulièrement gênant pour les femmes, dont la hauteur de voix peut dégénérer en accents stridents des plus désagréables.

La façon de s'exprimer

Cela nous amène tout naturellement à évoquer les problèmes spécifiques de prononciation, d'articulation, de ponctuation et de respiration ; bref, à traiter tous les aspects techniques de la diction.

La prononciation

Un discours agréable à écouter est un discours dont chaque mot est prononcé de façon parfaitement intelligible. Rien de pire, en effet, que ces allocutions dont les phrases s'achèvent dans un semi-borborygme ou dont les termes se chevauchent en des superpositions hasardeuses.

L'articulation

Parler en public suppose la mobilisation de tout l'appareil vocal ; ce qui implique d'articuler correctement chaque syllabe sans faire l'économie d'aucun effort des lèvres. Que l'on songe aux chanteurs d'opéra dont les mouvements de bouche accompagnent et modulent chaque note et chaque inflexion. Sans tomber dans de telles extrémités, à vrai dire peu esthétiques, veillez à tirer le meilleur parti de tous les outils susceptibles de clarifier l'articulation.

La ponctuation

Conçue pour diviser le corps de la phrase en autant de sections grammaticalement liées, porteuses d'un sens spécifique, la ponctuation a aussi pour fonction de **donner son rythme au texte** (qu'il soit écrit ou parlé). Une intervention bien découpée gagne en clarté et en fluidité. D'où l'absolue nécessité d'en respecter la logique, sous peine d'obscurcir, voire même d'oblitérer totalement la signification du discours.

La respiration

En s'appuyant **sur les coupures naturelles ménagées par la ponctuation**, le discours gagne en souplesse et en clarté, d'autant que l'orateur se donne ainsi toute latitude pour reprendre son souffle durant ces pauses bienvenues. La phrase – ou le membre de phrase – suivante bénéficie alors d'une force nouvelle, sans que l'on ait à craindre une faiblesse vocale (faiblesse qui se manifeste soit par un tremblement de la voix, soit par une accélération injustifiée du débit) préjudiciable au confort de l'orateur comme à celui de son public.

Le débit

Il ne doit être ni trop lent ni trop rapide, une propension à la lenteur étant cependant préférable à un débit trop élevé. De fait, un discours prononcé **à haute et intelligible voix** gagne encore en pénétration si les mots et les phrases s'enchaînent sans précipitation. Les auditeurs ont ainsi tout loisir d'en saisir le sens et d'en savourer la portée. D'autre part, l'orateur garde ainsi la possibilité d'accélérer son débit quand le besoin s'en fera sentir, se réservant ainsi des effets stylistiques bienvenus propres à rompre la monotonie de son discours. Ce procédé d'accélération du débit constitue, en effet, un atout non négligeable lorsque l'on désire souligner une anecdote, faire un trait d'humour ou encore donner de la vie à son monologue. A l'inverse, un ralentissement mesuré du débit permet de faire monter la tension et d'augmenter le suspense, méthode tout aussi infaillible pour capter l'attention de son auditoire.

La diction

D'un abord apparemment simple parce qu'elle nous est familière, la diction – terme générique dans lequel nous incluons tous les éléments détaillés ci-dessus – s'avère, en fait, d'une grande complexité ; sa maîtrise requiert, en effet, une connaissance fondamentale de ses différents rouages et un entraînement rigoureux pour parvenir à la liberté d'élocution souhaitée. L'orateur débutant aura donc tout intérêt à **s'astreindre à un travail régulier** par magnétophone interposé. En s'écoutant parler, il débusquera sans mal les faiblesses et les failles qu'il lui sera, dès lors, facile de corriger.

Présentation de l'orateur

Comment doit-on se présenter lorsque l'on fait un discours ? Quel habillement privilégier ? Quelles attitudes adopter ? Autant de questions auxquelles il n'est, à vrai dire, pas aisé de répondre, tant il est vrai que ces paramètres varient en fonction des circonstances et du décor. Dans toutes les réunions d'ordre amical et autres fêtes familiales, pas de problème : l'intervenant n'a, en fait, pas le choix, puisque sa qualité d'orateur n'intervient que de façon tout à fait secondaire. Au cours d'une fête de mariage, par exemple, impossible de se distinguer sur le plan vestimentaire, puisque le discours se fait généralement de façon impromptue (même s'il a été secrètement préparé par avance). En revanche, les réunions plus formelles impliquent une présentation de l'orateur plus stricte ou, à tout le moins, plus spécifiquement adaptée aux circonstances. Intervenir publiquement à l'occasion d'une manifestation plus officielle implique une certaine neutralité vestimentaire de la part de l'orateur. On conçoit mal, en effet, que celui ou celle qui intervient au cours d'un dîner de gala ou d'une fête scolaire, par exemple, soit vêtu de façon trop négligée ou trop excentrique. Ici, comme en toute chose, la mesure est de règle, les mots que l'on prononce devant être au diapason de l'apparence de celui qui les prononce. Question de cohérence vis-à-vis de soi-même et de respect vis-à-vis des autres, l'orateur devant se garder de donner l'impression d'être la vedette de la manifestation, même si ses mots transportent l'auditoire d'enthousiasme. Ce qui n'exclut pas pour autant la possibilité de mises résolument originales, certaines assemblées – estudiantines notamment – s'accommodant parfaitement de ces écarts ludiques.

Quoi qu'il en soit, ces conseils d'ordre général valent tout autant pour les hommes que pour les femmes, ces dernières ayant néanmoins l'avantage de pouvoir arborer des ensembles moins conventionnels.

D'autre part, et parce qu'il se prononce généralement debout face à un auditoire ou parmi ses membres, le discours **implique un minimum d'aisance corporelle**. Que penserait-on d'un intervenant, fut-il le plus brillant, qui resterait planté sur ses jambes, les deux mains dans les poches ? A l'inverse, quel effet produirait un orateur qui accompagnerait chacune de ses phrases de gesticulations excessives ? D'où l'importance d'une certaine rigueur mais sans affectation, et d'une certaine souplesse sans complaisance, auxquelles une gestuelle mesurée apportera ce qu'il faut de spontanéité pour renforcer visuellement les différentes étapes de l'intervention et faire vivre chaque instant du discours.

La gestuelle

Tout à la fois auteur et musicien, l'orateur doit être aussi l'acteur et le metteur en scène de son propre discours. Cela implique **une bonne maîtrise de son corps** et, partant, un minimum de **confiance en soi**, que l'épreuve d'une intervention publique met toujours à rude épreuve. Rares sont, en effet, celles et ceux qui peuvent prendre la parole devant un auditoire plus ou moins important sans ressentir une certaine anxiété. Nous parlerons plus loin des diverses manifestations engendrées par ce genre de gêne et des différentes manières de les combattre dans le paragraphe consacré au trac. Pour l'heure, contentons-nous d'attirer l'attention sur quelques règles clés en matière de gestuelle.

Le regard

C'est le lien privilégié entre l'orateur et son auditoire. Donner l'impression que l'on s'adresse à chaque auditeur en particulier constitue l'un des plus grands atouts de réussite en matière de discours. L'orateur doit donc s'attacher à poser son regard sur l'une des personnes de l'assemblée, puis à glisser de l'une à l'autre dans un mouvement constant et mesuré, afin d'impliquer chaque auditeur qui, dès lors, portera une attention renforcée à ses mots. Cette technique de communication très simple à appliquer possède en outre l'avantage de rassurer l'intervenant, puisqu'elle lui permet de **s'appuyer** littéralement sur son auditoire, et, partant, de ne pas se sentir isolé, sinon perdu, dans l'espace de la salle.

Les bras et les mains

Nous l'avons dit plus haut, mais nous le répétons : un maintien trop rigide est aussi préjudiciable qu'un débordement gestuel incontrôlé, les deux attitudes traduisant timidité et malaise chacune à leur manière. En revanche, **une mobilité mesurée des bras et des mains** constitue un atout essentiel pour l'orateur, qui peut ainsi accompagner visuellement l'expression d'une idée ou souligner une nuance de sentiment ou de pensée, tout comme un directeur de chorale module l'exécution d'une partition par des mouvements en soi très éloquents. A noter enfin que les intervenants les plus réservés peuvent se donner confiance en tenant un objet à la main – stylo, paire de lunettes ou briquet par exemple – en évitant toutefois de les tripoter de manière compulsionnelle, sinon le remède s'avérerait pire que le mal.

Les jambes

Ce qui vaut pour les bras et les mains l'est aussi pour les jambes (pour autant, bien sûr, qu'elles soient visibles à l'auditoire), que l'intervenant se tienne debout ou assis. Des mouvements trop brusques ou trop contractés, outre le fait qu'ils traduisent une nervosité excessive, ont pour autre effet négatif de focaliser l'attention des auditeurs qui sont, dès lors, moins attentifs au discours.

Comment intervenir en différentes circonstances ?

Prendre la parole en public à la faveur d'un rassemblement officiel ou d'une réunion privée demande un minimum de tact, surtout lorsque le discours n'est pas inscrit à l'ordre du jour. Intervenir à bon escient constitue donc une gymnastique assez périlleuse dont la bonne exécution dépend d'un nombre considérable de paramètres. L'orateur doit, en effet, déterminer l'instant propice où son intervention ne sera pas perçue comme une agression. Il lui faut donc être à l'affût des moments privilégiés – chute de la conversation, ambiance plus tiède, silence impromptu par exemple – qu'il peut exploiter sans jamais donner l'impression de s'imposer. Certaines circonstances sont, par usage, plus favorables que d'autres : la fin d'un banquet de mariage constitue l'un des moments clés où l'on porte traditionnellement des toasts ou prononce un discours.

Plus ardues sont, en revanche, les réunions informelles dans lesquelles il n'est généralement pas question de prendre solennellement la parole. L'orateur désireux de mettre son grain de sel dans de telles circonstances aura donc tout intérêt à jouer la carte de la théâtralité pour justifier sa prise de parole, l'humour contrebalançant alors avantageusement la gravité somme toute déplacée de son intervention.

Dans les rassemblements motivés par un événement ponctuel, enfin, la prise de parole est facilitée par le caractère quasi officiel de la réunion. Il suffit alors de trouver le meilleur créneau pour dire tout haut ce que chacun pense tout bas, charge restant à l'orateur de personnaliser son intervention pour échapper à ce que ce genre d'exercice peut avoir de convenu. Une certaine vivacité de ton et de langage, doublée d'une bonne pincée de « cœur », suffit généralement à emporter l'adhésion de l'auditoire.

Chapitre III

CONSEILS PRATIQUES

Comme nous l'avons vu dans les deux premiers chapitres, prononcer un discours – aussi bref soit-il – implique un minimum de préparation personnelle et d'élaboration technique. Rares sont, en effet, les néophytes à posséder l'aisance naturelle et la structuration mentale les rendant capables d'intervenir sans efforts particuliers dans la plupart des circonstances. D'où l'intérêt de connaître certaines règles fondamentales ayant trait à la condition physique et psychologique de l'orateur (comment vaincre le stress, le trac et autres accès de nervosité consécutifs à la prononciation du discours ou aux difficultés les plus habituelles qui peuvent venir en troubler le développement), à la préparation pratique de l'intervention, à la gestion du temps de parole et à l'utilisation des différents supports et accessoires propres à en renforcer l'impact. Toutes questions essentielles qui, posées et résolues en temps et en heure, permettent d'éviter bien des écueils et, partant, de réussir pleinement son entreprise.

Avant le discours

Bien que cela soit une toute première évidence, il n'est pas inutile de rappeler que tout orateur potentiel doit s'astreindre à **une certaine discipline personnelle** durant les quelques jours précédant son intervention. Ces règles fondamentales d'hygiène ont naturellement trait au sommeil et à la table.

• Se coucher à heure fixe pour favoriser l'endormissement et profiter au mieux de son temps de repos procure détente, bien-être et raffermit la confiance en soi.

• Quant à la table, elle ne doit, bien évidemment, être le lieu d'aucun excès ; la nourriture doit être équilibrée et consommée en quantités raisonnables au fil de repas judicieusement répartis dans la journée afin d'éviter tous problèmes d'origine digestive.

• Penser également à bien boire, en évitant autant que faire se peut l'alcool et ses dérivés, sans forcer non plus sur les autres excitants comme le thé ou le café.

• Quant aux cigarettes, leur consommation sera réduite au maximum, tant pour des raisons de détente que de protection de la voix. Cela étant, un fumeur invétéré aurait tort de réduire de façon trop drastique le nombre de ses cigarettes journalières, le manque de tabac risquant d'engendrer une sensation de manque malvenue à l'heure où l'orateur doit rassembler toutes ses possibilités physiques, psychiques et intellectuelles.

A cela, il convient d'ajouter **un minimum d'exercices physiques**, toujours profitables par le phénomène d'oxygénation et de détente générale qu'il suppose, un corps détendu constituant le meilleur atout pour combattre le stress en général et le trac en particulier.

Le trac

Ennemi juré de toutes celles et de tous ceux qui sont amenés à œuvrer sous le regard d'autrui, le trac mérite qu'on s'y arrête plus particulièrement. Et ce, pour deux raisons majeures :
– la première est qu'il persiste généralement en dépit des habitudes des personnes les mieux **rodées** à ce genre d'exercice ;
– et la seconde, qu'il est *a priori* totalement insensible aux efforts de la volonté.

Chacun en connaît les multiples manifestations pour les avoir au moins une fois éprouvées au cours de son existence : sueurs froides, sensation de fourmillement, voire d'insensibilisation des extrémités, impression subite d'irréalité, tremblements et jambes flageolantes, etc. Bref, rien que des horreurs qui semblent d'autant plus terrifiantes qu'elles empirent quand on en prend conscience et qu'on tente de les gommer. Or, c'est là justement que se noue le problème : à trop vouloir combattre ces manifestations instinctives, on finit par en devenir obsédé. L'idéal, donc, consiste non pas à s'opposer à ces différentes manifestations, mais à **en limiter les effets en amont, et à les dépasser en aval.**

COMMENT ?

• En amont

Outre la discipline de vie décrite plus haut, la relaxation constitue une alternative non négligeable en matière de trac. Les personnes les plus sensibles aux accès de trac auront donc tout intérêt à se concocter un petit programme-détente spécifique qui peut, selon les caractères, se concrétiser par les attitudes suivantes :

– s'allonger quelque temps avant l'intervention en s'attachant à faire le vide en soi, yeux fermés ;

– pratiquer des exercices respiratoires propres à contenir l'énergie négative que dégage le trac ;

– se concentrer sur ses capacités personnelles jusqu'à se convaincre qu'après tout le danger supposé n'est pas si grand et que, si les autres y arrivent, on doit pouvoir y parvenir soi-même ;

– visualiser le lieu où doit se dérouler l'intervention ainsi que l'auditoire en s'imaginant soi-même en train de prononcer parfaitement son discours ;

– faire appel au besoin aux ressources de la méthode Coué ;

– enchaîner quelques mouvements de gymnastique avant de prononcer le discours, de manière à s'oxygéner le plus profondément possible tout en combattant les inévitables contractures générées par la nervosité.

Et pour les personnalités les plus anxieuses, rien ne remplacera jamais la pratique du yoga, qui conjugue tous les avantages en matière de maîtrise de soi... et qui donnera sûrement plus d'impact aux petits exercices-détente précités.

• En aval

Tout orateur bien préparé et confiant dans ses possibilités ne doit légitimement pas succomber aux accès de trac en commençant son discours, même si – répétons-le – ses manifestations ne se dissipent pas pour autant. Pour les dépasser, on peut donc :

– ignorer le trac – ou feindre de l'ignorer – en commençant son intervention comme si de rien n'était. Il n'est pas rare, en effet, qu'en déplaçant sa concentration des symptômes du stress à la prononciation du discours, les manifestations gênantes du trac disparaissent d'elles-mêmes ;

– si cela ne suffit pas, l'orateur aura tout intérêt à travailler discrètement sa respiration, en s'imposant des pauses entre les différents membres de phrase, pauses durant lesquelles il se donne le temps de s'oxygéner. Au bout de quelques séries d'inspirations et d'expirations contrôlée, l'intervenant reprend naturellement confiance et peut poursuivre son discours en adaptant son débit à son souffle ;

– une prise de conscience des contractures corporelles constitue également un bon moyen de retrouver souplesse et sérénité, plutôt que de les entretenir par des mouvements spasmodiques des membres par exemple, qui n'ont d'autre effet que d'entretenir la tension au lieu de la dépasser ;

– s'imposer une vision positive de la relation orateur-public ou, si l'on préfère, transformer la représentation que l'on se fait du face à face en une confrontation au sein de laquelle les deux partenaires que sont l'intervenant et son auditoire se complètent au lieu de s'opposer ;

– enfin, s'attacher au fait que l'auditoire, du moment où il ne manifeste aucune réaction hostile sans faire preuve d'indifférence, constitue une chambre d'écho propice à la richesse de l'échange.

Cependant, rien n'empêche les orateurs les plus nerveux ou les plus facilement désarçonnables d'avoir recours à quelque truc susceptible de les rassurer dans leur entreprise : boire une gorgée d'eau de temps à autre, caresser le col de leur veste, croiser les mains et autres petits gestes qui permettent de canaliser de façon discrète le surplus d'une énergie qui, sans cela, risquerait de venir contrarier le bon déroulement de leur discours.

Visite des lieux dans lesquels sera prononcé le discours

Autant que faire se peut, on visitera préalablement les lieux dans lesquels on prononcera son discours. Cela permet déjà de prendre la dimension de l'espace et, partant, d'anticiper sur le nombre de personnes auxquelles on s'adressera. Mais surtout – et c'est là le plus important – on testera l'acoustique de la salle (si l'intervention doit avoir lieu en intérieur) et on pourra donc adapter sa voix au volume de la pièce et à ses capacités d'écho.

Ce genre de démarche est d'autant plus utile pour déterminer l'utilité d'user ou non d'un microphone. Si le volume de la salle (en intérieur), la grandeur de l'espace (en extérieur) ou le nombre important des convives l'imposent, il est en effet préférable de déterminer les endroits privilégiés où installer le matériel et de procéder aux différents réglages, de manière à être fin prêt le jour de l'intervention.

Combien de grésillements des haut-parleurs et autres éclats sonores impromptus ont ruiné dans l'œuf toute tentative de discours pourtant préparé de longue date !

On pourra encore déterminer avec précision la place la mieux adaptée pour intervenir. Pour ce faire, on tiendra bien évidemment compte des **problèmes acoustiques** propres au lieu, mais on portera également une grande attention **à la disposition probable des convives** de manière à ce que l'on puisse être vu et entendu de tous. Une marche d'escalier, un petit podium ou tout autre promontoire artificiel bien situé constitue bien évidemment un atout.

Sont en revanche à proscrire les chaises et tabourets qui mettent l'orateur dans une position inconfortable sinon dangereuse et toujours un peu ridicule.

On ajoutera, enfin, que certaines manifestations – repas de noces, réunions entre amis, etc. – se déroulent soit autour d'une table, ou à proximité. La politesse d'usage implique que l'orateur se lève pour prononcer son discours.

Rappelons qu'il est bon de songer à l'avance aux objets qui seront utilisés pour l'occasion et à la manière dont ils seront décorés ou non (nappes, fleurs, etc.), de façon que tout soit fin prêt le jour dit et que l'intervention ne soit pas troublée par des détails d'aménagement de dernière minute.

Techniques de préparation du discours

Outre la stricte élaboration d'un plan et la rédaction préalable du discours, une intervention réussie implique que l'orateur donne au moins l'illusion d'improviser son texte. Rien de plus agaçant, en effet, qu'un intervenant qui se contente de lire ses feuillets face à son auditoire, comme si celui-ci ne méritait justement pas qu'on fît un effort particulier pour lui. Dans ce cas, un simple magnétophone pourrait remplacer l'orateur ; ce qui le dessert, voire le déconsidère aux yeux de son public. A ce propos, que l'on songe aux présentateurs de journaux télévisés qui, pour personnaliser le rapport qu'ils entretiennent avec le téléspectateur, se sont vus contraints d'adopter le prompteur, appareil situé hors du champ de la caméra, sur lequel défile le texte que le journaliste est effectivement en train de dire. Par cet artifice, le présentateur donne l'impression de **regarder son public** dans les yeux, captant ainsi son attention la plus profonde.

En matière d'intervention publique, il en va de même. Si l'orateur parle tête baissée sur ses feuilles, il perd le contact visuel avec son auditoire qui, dès lors, échappe à son contrôle et se désintéresse progressivement de son discours.

Les fiches

L'utilisation de fiches n'est nullement déconseillée en la matière, la plupart des intervenants étant tout à fait incapables d'improviser la totalité de leurs discours. Si donc l'orateur n'est pas tout à fait sûr de lui-même, il aura tout intérêt à noter les grandes articulations de son discours, ainsi que différents exemples susceptibles de le rendre plus vivant, en mémorisant par avance les phrases d'introduction et de liaison qu'il ne saurait réimproviser au fil de son intervention. En revanche, il peut laisser libre cours à son improvisation sur les points qu'il connaît le mieux et dont il sait que l'argumentation ne lui posera aucun problème.

C'est dire, par ailleurs, qu'**il faut éviter à tout prix d'apprendre la totalité d'un discours**, sauf à être un comédien averti, car le public sent toujours ce genre de chose, soit que les phrases sont décidément trop belles et donc trop écrites, soit au contraire que la tonalité et le débit s'en ressentent, au point d'apparaître comme artificiel. Or, rien de plus dangereux pour un orateur que de ne pas être convaincant. Chacun a d'ailleurs fait au moins une fois l'expérience d'un orateur malhabile qui, malgré sa gêne et ses hésitations, s'est révélé passionnant du fait de la sincérité même qui émanait de son intervention.

Rappelons-le une fois encore – et cette constatation est d'autant plus importante qu'elle a trait à des interventions publiques non professionnelles : **la sincérité** est la condition de réussite *sine qua non* d'un bon discours. Et si un minimum de technique en renforce l'impact, rien ne remplacera jamais cet accent authentique qui donne tout leur poids aux idées et aux sentiments que l'on désire faire passer et partager.

En conséquence, l'utilisation de fiches ne pose pas de problèmes en soi, l'amateur y ayant recours **témoignant ainsi du sérieux** avec lequel il a préparé son intervention et de la considération qu'il a de son auditoire. De fait, il lui prouve qu'il est soucieux de la teneur de son discours tout en ne le privant pas de ces regards sans lesquels il n'y a pas de communication pleine et entière.

Le vêtement

L'importance de la tenue vestimentaire varie bien évidemment en fonction des circonstances dans lesquelles se déroulera l'intervention. S'il s'agit d'une réunion privée, elle ne requiert pas d'attention particulière ; s'il s'agit d'une fête familiale ou amicale, le choix du vêtement sera dicté par la nature même du rassemblement : tenue décontractée pour un anniversaire, costume ou robe de circonstance pour un mariage, smoking ou robe du soir pour une soirée, etc., en fonction des goûts et des usages ; mais s'il s'agit d'une réunion professionnelle ou paraprofessionnelle, la mise devra obligatoirement faire l'objet d'un choix rigoureux.

En règle générale, un ensemble veste-pantalon ou un costume aux couleurs plutôt sombres pour les hommes et un tailleur ou une robe sobre pour les femmes conviennent parfaitement à ce genre de manifestation. Un surcroît d'originalité n'est, en effet, pas souhaitable (sauf dans certains milieux « branchés »), car il risque d'établir une séparation entre l'orateur et son public, alors même que l'intervention est légitimée par une connivence affective ou une complicité de « caste » sous-jacente. La règle qui prévaut ici est donc identique à celle qui régit les rapports entre un hôte et ses invités, à savoir : élégance sobre et d'inspiration classique, propre à souligner le **respect** que l'on porte à l'égard de son public.

Les femmes amenées à prononcer un discours sont également soumises aux mêmes obligations vestimentaires, à la différence près qu'elles peuvent se permettre plus de fantaisie tant au niveau de l'habillement qu'à celui du maquillage et des accessoires.

Mais attention : fantaisie ne signifie pas un excès d'originalité, qui pourrait être perçu de façon négative par l'auditoire. En d'autres termes et dans de telles circonstances, l'élégance doit toujours conjuguer réserve et mesure**, une petite pointe d'audace esthétique** étant par ailleurs bienvenue pour **égayer l'aspect classique** de la mise et la rendre un peu plus singulière.

Compte tenu de la nature de la réunion dans laquelle elle aura à intervenir, l'oratrice pourra donc porter un ensemble pantalon, jupe-chemisier ou tailleur dont les coloris varieront en fonction de la saison, l'essentiel étant que la mise ne soit pas provocante. A partir de quoi, tous les tons – des pastels aux couleurs les plus chaudes – sont admis, la femme possédant l'avantage d'une palette vestimentaire bien plus large que celle de l'homme.

Est-il enfin besoin de dire que le choix de la mise doit être arrêté plusieurs jours avant les interventions d'importance, pour libérer l'esprit de l'orateur de ce genre de détails pratiques, et que les vêtements doivent être préparés en temps et en heure ?

N.B – **Pendant le discours** : l'attitude et la mise adoptées pendant l'intervention sont, d'une certaine manière, presque aussi importantes que le discours proprement dit et la manière dont on le prononce. Il est en effet nécessaire de faire coïncider le mieux possible l'image que l'on donne de soi avec le contenu du discours, étant entendu que cette adéquation de la forme au fond passe également par une aisance oratoire sans laquelle ce bel équilibre risquerait d'être entamé, voire détruit.

Pendant le discours

Commencer un discours

La prise de parole est un instant clé qui mérite la plus grande attention. De deux choses l'une, ou bien l'orateur intervient de façon apparemment inopinée (au cours d'une réunion de famille, par exemple) et, dans ce cas, il s'agit d'imposer d'emblée la nécessité du discours ; ou bien l'intervention est programmée à l'avance (prise de parole au cours d'une réunion professionnelle ou d'une manifestation à caractère officiel). Dans tous les cas de figures, la règle fondamentale consiste à capter l'attention de son auditoire, en soulignant, dès les premières phrases, le caractère essentiel de l'intervention.

C'est pourquoi **l'introduction** d'un discours doit toujours être de **première force**, quelle que soit l'accroche choisie, la banalité constituant le pire piège qui soit ; l'excès d'originalité aussi, qui risque de déstabiliser l'auditoire alors même qu'il s'agit de le séduire.

Sur le plan purement formel, l'intervenant aura donc tout intérêt à **privilégier une idée ou un détail** en entamant son discours par une image, une citation, un concept ou une anecdote suffisamment précis pour interpeller son public, mais aussi suffisamment ouvert et souple pour laisser place à une interrogation sous-jacente qui trouvera réponse dans la suite de l'exposé.

Sur le plan de l'expression orale, les premières phrases d'introduction devront être proférées sur **un ton ferme et assuré**, sans être trop autoritaire ; le débit ne doit pas être trop rapide et l'accent doit privilégier une certaine gravité, non dénuée de musicalité, grâce à quoi l'orateur pourra moduler sa voix selon les besoins, sans forcer pour autant ses capacités.

De plus, il veillera à ne pas épuiser ses réserves respiratoires afin de mener son discours à son terme en évitant toute sensation d'essoufflement.

Si le trac se met de la partie, ne pas hésiter à ménager des pauses respiration-relaxation qui, savamment dosées, permettent de créer un effet de suspense propre à renforcer l'attention de l'auditoire.

Les trous de mémoire

Il arrive parfois que l'orateur perde le fil de son discours et se trouve momentanément dans l'impossibilité d'enchaîner... avec tout ce que cela suppose d'inquiétude, voire d'angoisse. La meilleure parade consiste alors à se donner un peu de temps pour consulter ses notes et rassembler ses idées. De fait, une pause silencieuse ne constitue pas un obstacle rédhibitoire pour le public, pour autant que vous ne laissiez percevoir aucune manifestation de votre trouble. Il vous sera alors facile de reprendre le fil de votre pensée et vous serez étonné de voir que personne n'aura finalement remarqué votre trou de mémoire. En revanche, si l'émotion vous envahit au point de vous faire perdre tous vos moyens, n'hésitez pas à impliquer votre auditoire, en apostrophant tel ou tel auditeur pour lui demander ce qu'il dirait, lui, s'il était à votre place. Mettez-le en confiance pour obtenir une réponse suffisamment claire à partir de laquelle vous retrouverez très probablement le cours de votre pensée. Mais si la **panne** est rebelle, avouez sans fausse honte que vous vous êtes perdu, et prenez le temps de rassembler vos idées avant de reprendre la parole. Cette situation d'échec provisoire est, certes, difficile à supporter, mais elle vaut tout de même mieux qu'une retraite honteuse.

Les interruptions impromptues

Un auditoire n'est pas une masse inerte et docile à laquelle vous pouvez vous adresser sans susciter aucune réaction. Mille hiatus peuvent ainsi venir troubler le déroulement de votre discours; un auditeur qui arrive en retard ou qui part en avance, un autre qui tousse ou éternue bruyamment, un autre encore qui vous questionne ou vous apostrophe constituent autant de hiatus particulièrement déstabilisants dont vous pouvez toutefois réduire la gêne si vous vous en servez comme d'un tremplin pour rebondir. Tout le monde connaît, par exemple, le vieux truc utilisé par les humoristes professionnels dérangés par l'irruption tardive d'un spectateur : l'artiste suspend son sketch tout en prenant le public à témoin, en disant : *attendons que Monsieur s'installe pour poursuivre l'histoire*. Effet garanti. Sans aller jusqu'à cette extrémité propre au music-hall, rien ne vous empêche de faire une pause ponctuelle qui attirera immanquablement l'attention sur le retardataire et vous vaudra la complicité implicite de l'ensemble des auditeurs.

Au contraire, si un départ précipité vient troubler le déroulement de votre discours, ne vous laissez surtout pas abattre. Rien ne dit, en effet, que la personne qui quitte la salle ne supporte pas votre intervention ; elle peut simplement avoir des besoins ou des obligations pressants qui la contraignent à déranger le reste des auditeurs. Et quand bien même elle manifesterait par là sa lassitude ou son désaccord à votre égard, qu'importe : dites-vous bien qu'on ne peut plaire à tout le monde et qu'à défaut d'être polie, l'attitude de ce gêneur a au moins le mérite d'être franche.

En revanche, plus délicates à gérer sont les interventions directes d'un ou de plusieurs auditeurs. Outre le fait qu'un questionnement ou une apostrophe rompt la mécanique du discours, ce genre de coupure a pour effet pernicieux de substituer progressivement le monologue au dialogue, rendant très difficile la reprise de l'intervention par le seul orateur. Chaque fois que cela s'avérera possible, repoussez l'interrogation ou l'affirmation en laissant entendre que vous y apporterez une réponse ultérieure. Mais si vous ne pouvez l'éluder, contentez-vous d'un aparté le plus bref (afin de ne pas briser l'architecture de votre discours) et le plus concis (pour éviter que ne surgisse une nouvelle question, voire une contestation qui vous entraînerait dans une argumentation hors de propos) qui soit, quitte à revenir ensuite sur le ou les points soulevés par l'auditeur, afin de les traiter, un par un, comme des cas particuliers.

Comment rebondir ?

Rien de plus triste et de plus démotivant qu'un discours monocorde qui déroule ses différentes parties avec une logique implacable. Casser le rythme constitue un truc utilisé par tous les orateurs pour **réactiver**, si l'on peut dire, l'attention de son auditoire, et redonner plein relief à l'ensemble de l'intervention. Une citation bien venue peut être utilisée à cette occasion, sa vérité générale, connue de tous, venant éclairer et comme concrétiser les propos de l'orateur. Une autre astuce consiste à feindre l'ignorance en interpellant l'auditoire avec des questions du type : *Peut-être êtes-vous au courant de cela ou de cela ? Moi pas...* ou bien *Je ne sais pas si l'on peut légitimement dire que... ? En tout cas, vous le savez bien, vous.* En laissant supposer qu'il ne possède pas tout le savoir requis pour son intervention, l'orateur descend de son piédestal et se rapproche de l'ensemble de ses auditeurs, créant ainsi un lien privilégié qui, sans cela, n'aurait pu naître ; à partir de quoi il lui est possible de suggérer la réponse qu'il considère comme la mieux appropriée pour l'imposer avec beaucoup de douceur à son public.

Restent, enfin, les traits d'humour qui, distillés à bon escient au fil du discours, ont pour double vertu de détendre l'atmosphère tout en suscitant un climat de complicité propice à l'échange.

En tout état de cause, il revient à l'orateur d'avoir suffisamment d'intuition pour percevoir les échos suscités par son discours et, partant, de les exploiter à bon escient, soit en s'adaptant à son auditoire pour renforcer encore l'intérêt qu'il porte à son intervention, soit, au contraire, en créant un effet de rupture de façon à toujours rester maître du jeu.

L'improvisation

Comme nous l'avons déjà dit plus haut, l'improvisation totale et entière d'un discours constitue une épreuve bien trop difficile pour les orateurs d'occasion. Mieux vaut donc bien préparer son discours, en prenant soin d'en noter les différents développements et articulations, de façon à **limiter au maximum les accidents** de parcours.

Il est, en revanche, fort conseillé **de s'octroyer le plaisir de petites périodes d'improvisation** qui peuvent indifféremment être suscitées par un souvenir ou une anecdote propre à illustrer au mieux le propos que l'on est en train de tenir. De même, on peut saisir l'occasion d'une intervention judicieuse de la part d'un auditeur pour ajouter un détail, un argument ou une démonstration que l'on n'avait préalablement pas prévu d'inclure dans le discours, mais qui y trouve désormais sa place par le fait qu'il en renforce ou en élargit le sens.

Mais nous attirons une nouvelle fois l'attention sur le fait que l'orateur ne doit pas se laisser entraîner trop avant dans ce genre « d'extra », sous peine de déconstruire totalement le plan de son intervention ou d'entamer un dialogue exclusif avec celui ou celle qui aura été à l'origine de cette improvisation.

La gestion du temps de parole

Un orateur débutant a toujours beaucoup de peine à délimiter avec précision la longueur de son intervention. Rien que de très normal quand on n'a pas l'habitude du monologue et que l'on s'est jusque-là moins souvent exprimé par oral que par écrit. De fait, la structure d'un discours ne ressemble en rien à un développement rédigé, ne serait-ce qu'en vertu des déperditions propres à la communication orale. De plus, le développement d'un discours doit automatiquement être plus détaillé qu'un écrit pour que son sens soit bien saisi par les auditeurs. Ce qui implique un plan très souple et un style très imagé, dans lequel les idées sont minutieusement amenées, exposées et explicitées. L'orateur débutant devra donc s'entraîner à ce type de construction et d'expression pour ne pas avoir la mauvaise impression de **délayer** son exposé lorsqu'il se trouvera face à son public.

Une fois bien assimilé ce détail d'importance, il lui sera possible de déterminer avec précision la durée de son intervention, durée qu'il percevra dès lors comme nécessaire et dans laquelle il se sentira parfaitement à l'aise.

En outre, cette maîtrise lui permettra de gérer sans problème **le temps légitime qu'il pourra accorder aux différentes questions** qui surgissent, parfois, au fil d'un discours – qu'elles émanent de l'orateur lui-même ou de son public – et, partant, d'équilibrer globalement son intervention sans dépasser les capacités d'écoute de son auditoire.

Utilisation des différents supports et accessoires de communication

Démocratisation des moyens et techniques de communication audiovisuels oblige, il n'est pas rare que les intervenants aient recours à des matériels – *paperboard*, rétroprojecteur, etc. – qui étaient jusque-là réservés à l'usage exclusif des professionnels. Raison pour laquelle nous consacrons un bref paragraphe à ce sujet, même si l'utilisation de tels outils dans un environnement privé n'impose pas une maîtrise particulière.

Le paperboard

Comparable à l'antique tableau noir ou vert des classes d'école, mais d'une utilisation plus légère et plus souple, le *paperboard* permet à l'orateur d'accompagner son discours par la rédaction de croquis ou de notes qui le rendent plus concret. Dans les circonstances privées qui nous occupent, le recours au *paperboard* ne semble se justifier que par un esprit ludique, l'intervenant s'appuyant sur ce support pour donner une dimension professorale à son discours.

Le rétroprojecteur

Sauf à devoir transmettre des données statistiques ou à projeter des images inséparables de leur support d'origine, l'orateur qui intervient au sein de sa famille ou d'un cercle d'amis n'a, là encore, que peu d'occasions d'utiliser cette technique particulière. S'il le fait, c'est pour agrémenter son discours de quelques visuels spécifiques, dans le but de créer un effet humoristique ou de donner à voir plus aisément une photographie au plus grand nombre.

Le projecteur de diapositives

Accessoire très largement répandu dans les familles, le projecteur de diapositives permet d'illustrer le discours par une série de photographies à partir desquelles il est possible de créer des effets de style. De fait, les clichés peuvent venir appuyer et concrétiser les descriptions et idées développées par l'intervenant ou, au contraire, leur servir de contrepoint par décalage entre parole et image. Un orateur peut ainsi s'amuser à évoquer l'itinéraire de la personne qui a motivé son intervention en projetant simultanément des photographies anciennes ; le parcours professionnel du héros de la fête est alors confronté aux images de son enfance et de son adolescence. Ce rapprochement incongru suscite toujours le rire et l'émotion.

La vidéo

Plus encore que la projection de diapositives, la vidéo permet toutes les fantaisies. Du simple reportage à la fiction la plus élaborée, en passant par la création d'effets spéciaux surprenants ou amusants, elle offre toute une série de possibilités qu'il revient à chacun d'explorer. En tout état de cause, et pour autant que l'on maîtrise un tant soit peu l'art du montage, elle peut aussi s'imposer comme un discours à part entière, l'orateur n'ayant alors plus qu'à en proposer le commentaire. Encore faut-il disposer pour cela des documents nécessaires et les architecturer de façon assez nerveuse pour obtenir l'effet désiré sur les auditeurs-spectateurs. Un itinéraire personnel ou professionnel peut alors être restitué en quelques séquences. En outre, des images bien choisies peuvent concrétiser aisément un lieu, un paysage, un environnement dans lesquels se sont déroulés les événements particuliers au cours desquels s'est distingué le bénéficiaire du discours : on peut ainsi donner plus de force au discours que l'on prononce en l'honneur d'un homme ayant sauvé un nageur des flots tumultueux en projetant simultanément des images du lieu où s'est déroulée l'action héroïque, pour montrer l'hostilité des éléments et faire ainsi ressortir le courage particulier dont dut faire preuve ledit sauveteur.

Après le discours

Analyser toutes les facettes de son intervention constitue la tâche finale obligée de tout orateur soucieux d'améliorer son style. Cet examen personnel, qui requiert une certaine rigueur et beaucoup d'honnêteté, doit se faire à tête reposée, et tenir compte des remarques des proches. Toutefois, et pour autant que cela s'avère possible, on aura tout intérêt à enregistrer, voire à filmer son intervention, de manière à bien prendre conscience de ses défauts pour pouvoir les corriger lors d'une prestation ultérieure.

Cela étant, nous ne répéterons jamais assez que le discours d'un orateur occasionnel vaut plus par sa sincérité et sa spontanéité que par son équilibre et sa technique. De fait, et parce que l'auditoire est généralement composé de proches ou, à tout le moins, de personnes concernées par celui ou celle dont on parle, toute intervention authentique sera perçue de façon positive, quand bien même l'orateur ne se sera pas totalement soumis aux règles de l'art.

Chapitre IV

RAPPEL DES RÈGLES FONDAMENTALES POUR RÉUSSIR SON DISCOURS

Au terme de cet exposé théorique, il n'est pas inutile de dresser la liste des règles clés qui président à la réussite d'un discours. Du respect de ces différents points dépend, en effet, l'équilibre de l'intervention et, partant, son impact sur les auditeurs.

Si l'un de ces points vous pose problème, n'hésitez pas à vous reporter au paragraphe qui le traite de façon plus fouillée dans les chapitres précédents, de manière à en assimiler pleinement la substance. Bonne occasion de prendre également conscience de la façon dont cette règle s'articule par rapport aux autres.

Après quoi, il ne vous restera plus qu'à vous **lancer** dans votre première expérience qui, n'en doutons pas, sera couronnée de succès.

1 - Préparation du discours

- A quel public s'adressera-t-on ?

- Quel style, quel ton, quel vocabulaire et quelles références adopter en conséquence ?

- Quelle tenue vestimentaire arborer ?

- Organisation des idées.

- Elaboration du plan.

- Choix des exemples, citations et autres anecdotes.

• Rédaction des fiches mettant en relief les points clés et les transitions.

• Rédaction de la phrase d'introduction qui doit être originale sans être trop ostentatoirement accrocheuse.

2 - Répétition du discours

• Travailler avec un magnétophone pour prendre plus aisément conscience de ses défauts.

• Réaliser, si possible, un enregistrement vidéo pour parfaire dans le même temps son image et sa gestuelle.

• S'entraîner à développer les différentes parties de son discours en ayant seulement recours aux fiches préalablement rédigées sous forme de notes.

• S'astreindre à varier son expression tout en s'essayant à l'improvisation de manière à ne pas se laisser démonter par une intervention intempestive de l'auditoire.

• Travailler sa voix, sa tonalité, son débit, sa diction et, partant, sa respiration.

• Pratiquer quelques exercices de relaxation.

3 - Prononciation du discours

• Maîtriser au mieux son émotion par l'application des techniques respiratoires expérimentées lors de la répétition du discours.

• Se faire confiance dès la première phrase, sans attendre l'aval implicite des auditeurs. C'est, en effet, l'intervenant qui doit donner l'impulsion et non le contraire.

• Laisser évoluer son corps au rythme de sa gestuelle propre, en évitant toutefois des débordements ou une agitation excessive, toujours préjudiciables à la crédibilité de l'orateur. (Autrement dit, vivez avec conviction votre discours et donnez-le à vivre).

• Eviter les attitudes qui peuvent être légitimement perçues comme une fuite, un rejet ou une tentative symbolique de protection personnelle comme les épaules voûtées, les bras croisés et les gestes compulsionnels assimilables à des tics.

• Parler à haute et intelligible voix, même si vous bénéficiez d'une bonne sonorisation.

• Surveiller son débit de parole (150 mots par minute constituent une moyenne idéale).

• Varier l'intonation en fonction de chaque phrase et de chaque idée afin d'établir une adéquation parfaite entre le contenu du discours et son expression. (Eviter toutefois les registres extrêmes dans l'aigu comme dans le grave, sauf à vouloir créer un effet spécifique.)

• Eviter les ruptures de rythme autres que stylistiques – multiplication des hésitations et des répétitions par exemple – qui lassent bien vite les auditeurs les mieux intentionnés, compte non tenu d'une perte évidente de crédibilité.

• Ne pas se laisser entraîner dans un lyrisme ostentatoire ; inversement, ne pas sombrer dans un détachement trop prononcé qui risquerait d'être assimilé à un manque de conviction ou à une extrême froideur.

• Ne pas craindre de ménager des pauses pour souligner l'importance que vous accordez à telle notion ou à tel point de votre discours.

• Ne pas quitter le public des yeux, soit en s'attachant à un auditeur, soit en balayant lentement la salle du regard, comme si vous vous adressiez effectivement à chaque personne.

• Impliquer l'auditoire en posant ponctuellement les problèmes sous forme de questions auxquelles vous serez bien évidemment le seul à apporter réponses.

• Rester sobre d'un bout à l'autre du discours. Garder ses distances pour marquer le respect que l'on porte à son auditoire. En d'autres termes, ne pas confondre complicité et familiarité.

• Enfin, ne pas écraser son public par l'étalage de sa culture, sous peine de passer au mieux pour un fat, au pire pour un être méprisant à l'égard du plus grand nombre.

4 - Au terme du discours

• Saluer poliment, mais sans affectation, un léger sourire sur les lèvres. Tout autre signe de contentement pourrait, en effet, être perçu comme une manifestation de supériorité.

• Quitter la salle ou reprendre simplement sa place dans l'assistance en faisant clairement comprendre que l'instant du discours est clos.

Chapitre V

DISCOURS TYPES

Nous proposons, ci-après, une série de discours types adaptés aux différentes situations de la vie quotidienne auxquelles tout un chacun peut, un jour ou l'autre, être confronté. Mais il ne s'agit pas pour autant de rédiger des interventions toutes faites, qu'il suffirait d'apprendre et de réciter pour briller en société. Car les circonstances auxquelles elles s'appliquent ne prennent pas en compte les particularités de personnes et d'environnement qui font de chaque événement un cas unique. On ne saurait donc trop conseiller au lecteur d'adapter le modèle de discours qu'il aura retenu au contexte dans lequel il sera amené à le prononcer, en personnalisant au maximum son intervention. Rien de moins fastidieux, en effet, qu'un discours sans âme dont les mots et les idées sont empruntés à un autre. A chacun son style de parole. Ne rougissez pas de vous : un peu de maladresse n'entame en rien la sincérité. Laissez-vous aller à l'inspiration du moment. Ouvrez grand la porte à la spontanéité. Donnez priorité à vos sentiments. Si vous ne ressentez rien, si vous n'êtes pas convaincu vous-même, votre auditoire le percevra, et ce sera le fiasco... même si vous maîtrisez parfaitement vos phrases. Mettez donc de la conviction dans vos mots. Vivez et donnez à vivre votre émotion pour faire vibrer pleinement votre auditoire. Faites partager vos enthousiasmes et vos révoltes. En deux mots : restez vrai, car c'est ainsi – et seulement ainsi – que votre intervention ne sera pas considérée comme une épreuve, mais comme un acte nécessaire, important et méritoire.

Discours d'un élève à un professeur émérite

Parler n'est pas chose aisée, surtout devant un homme tel que vous dont nous avons pu apprécier les talents oratoires. Mais qu'à cela ne tienne et comme dit l'adage : « c'est le premier pas qui coûte ». Osons donc les premiers mots, en souhaitant que les autres suivront dans le bon ordre et en pleine harmonie. Et qu'importe si votre oreille relève de-ci, de-là, quelques maladresses. L'essentiel demeure qu'elle soit attentive aux paroles que mes camarades vous adressent à travers ma modeste diatribe. Porte-voix de toutes celles et de tous ceux qui ont suivi vos cours, et ont tenu à se présenter à vous une dernière fois, le temps est venu de dire tout haut ce que nous murmurons tout bas : Merci.

Pas un merci singulier, non, mais un merci pluriel, et majuscule qui plus est. Merci d'avoir été et d'être ce que vous êtes. Merci de votre patience et de votre enthousiasme ; merci de votre disponibilité et de votre sympathie. Grâce à vous, en effet, nous avons découvert bien plus que la richesse intime des grands textes : nous sommes allés bien au-delà, vers des hommes et des femmes dont l'expérience sera toujours présente à nos cœurs. Vous nous avez guidés dans ces labyrinthes secrets où, par-delà les questions d'école et les particularités de style, fleurit la vie, la vraie, celle qui s'épanouit loin de la fausseté et des mensonges. Vous avez aiguisé notre curiosité, aguerri notre regard, affiné notre sensibilité au point de pouvoir nous laisser partir sans trop de regret. Sans avoir votre culture, nous sommes suffisamment mûrs désormais pour faire route plus solitaire. Et ce départ est incontestablement le plus beau cadeau que l'on puisse vous faire.

Mais ne vous réjouissez pas trop vite : plusieurs d'entre nous vous reviendront certainement pour éclaircir un point resté obscur, demander un conseil ou échanger un point de vue. C'est dire que vous aurez beaucoup à faire entre vos jeunes recrues et vos anciens élèves. Mais quoi, vous avez choisi ce métier et si la charge vous paraît lourde, ce n'est que la rançon de la gloire ! Voilà ce qu'en quelques mots nous voulions vous dire, parce que le silence, aussi éloquent qu'il soit, doit s'effacer un jour devant la confidence. Et si l'épreuve constituée par un tel épanchement offense votre pudeur, sachez qu'il m'a fallu personnellement combattre pour vous l'infliger sans trop de tremblement. L'exercice en valait toutefois la peine, puisqu'il nous procure un réel contentement.

Puissiez-vous éprouver le même sentiment.

Discours prononcé par un parent d'élève au cours d'une réunion organisée par le principal d'un lycée ou d'un collège à l'occasion de la rentrée scolaire

Toujours un peu émouvante pour les enfants, la rentrée scolaire l'est aussi pour les parents qui s'inquiètent, à juste titre, de l'avenir de leur progéniture. Ce souci légitime de l'avenir ne doit cependant pas constituer un obstacle dans les relations parents-professeurs, mais bien servir de tremplin à une collaboration des plus efficaces. En clair, cela signifie que chacun a sa part de responsabilité dans l'éducation et l'instruction des enfants, mais qu'il ne saurait être question d'empiéter sur les prérogatives de l'autre. Les programmes, les méthodes d'enseignement et les partis pris pédagogiques obéissent, en effet, à des règles dont certains parents ne perçoivent pas toujours l'intérêt. Inversement, certaines visées et attitudes parentales peuvent être parfois mal interprétées par le corps enseignant.

Un dialogue libre et franc doit donc s'instaurer dès maintenant, de façon à éviter toutes frictions et autres incompréhensions dont les enfants sont finalement toujours victimes. Ici comme ailleurs, les vérités toutes faites n'existent pas, les solutions globales non plus. Chaque cas est particulier et doit donc être traité comme tel, même s'il s'inscrit dans le droit fil de grandes orientations générales.

En se mettant à l'écoute les uns des autres, nul doute que chacun pourra tirer le meilleur parti de cette année de travail qui commence. De cet effort commun dépend la fluidité du système et, partant, la réussite et le bien-être de tous. Remplissons donc au mieux la mission qui nous incombe.

Discours en l'honneur d'un professeur d'expression corporelle ayant initié les élèves d'une petite classe au théâtre

Si je prends la parole au terme du spectacle que vous venez de vous offrir, c'est pour vous dire combien nous, parents, sommes étonnés de la manière dont vous avez fait travailler nos enfants. Travailler n'est pas le mot exact, d'ailleurs, quand on voit comment ils se sont amusés à jouer cette petite pièce dont les situations étaient, somme toute, assez compliquées pour leur âge. Comment êtes-vous donc parvenu à un tel résultat ? Quelle somme de patience et de complicité ont été nécessaires pour que ce spectacle voie le jour ? Quelle passion vous a animé ? Car tous ces petits ont interprété leur rôle avec une conscience quasi professionnelle, sans pour autant jamais se prendre au sérieux. Mieux encore : ils sont tous parvenus à dépasser leur timidité naturelle pour s'investir pleinement dans leurs personnages.

Au-delà même des techniques théâtrales, vous leur avez appris à vivre dans l'espace, face aux regards d'autrui, sans gêne et sans complaisance. Ils vous doivent donc beaucoup, d'autant qu'ils sont heureux. Ce plaisir-là s'est gravé pour longtemps dans leur tête et dans la nôtre.

Les voilà donc bien mieux armés pour affronter la vie quotidienne, capables qu'ils sont désormais de maîtriser, comprendre et traduire leurs émotions. Cette leçon-là est, à coup sûr, parmi les plus importantes qu'ils aient jamais reçues. Et tout laisse à penser que, grâce à vous, certains auront peut-être la chance de se découvrir une vraie vocation. Je suis prêt à parier qu'on en retrouvera plusieurs un jour sur les planches et que vous serez au premier rang pour récolter les fruits de votre implication.

C'est tout le mal que je vous souhaite.

Discours en l'honneur d'un groupe d'écoliers ayant organisé une exposition de minéraux ou autres

Faire partager votre passion pour l'univers des pierres [ou d'insectes, de papillons, de champignons, de végétaux, etc.] en incitant les autres à effectuer le même parcours découverte : telle est, à l'évidence, l'idée qui vous a poussés à concevoir cette très belle exposition. Et si je dis « très belle », ce n'est pas pour vous flatter, mais bien parce que le résultat est, en tous points, étonnant. D'abord par la variété des spécimens présentés, dont le nombre imposant force d'emblée le respect. Par la qualité des commentaires, ensuite, dont la rigueur et la pertinence dépassent, et de loin, la leçon bien apprise au bénéfice d'une recherche personnelle d'une intelligence évidente. Par le soin apporté à la présentation, enfin, qui allie l'esthétisme à la clarté, deux qualités indispensables pour capter l'attention des visiteurs. Bref, il s'agit là d'une véritable réussite qui devrait susciter bien des vocations. Car je ne doute pas que votre entreprise incitera jeunes et moins jeunes à débuter, à leur tour, une collection dont l'intérêt scientifique évident va de pair avec une fonction éminemment décorative.

Tous nos compliments, donc, pour cette superbe entreprise qui, espérons-le, sera suivie de nombreuses autres réalisations sur des thèmes aussi divers que les insectes, les champignons, les végétaux, ou que sais-je encore.

Discours prononcé à l'occasion d'une réunion d'anciens élèves

Je ne sais quels sentiments vous procure cette réunion. Pour ma part, j'éprouve un réel plaisir à vous retrouver tous, mais ma joie ne va pas sans une certaine amertume. Ce petit pincement au cœur vient sans doute des souvenirs qui me reviennent en foule et dont la netteté contraste singulièrement avec le nombre d'années qui se sont écoulées depuis l'école. Je n'ose les compter, d'ailleurs ; et après tout qu'importe, l'essentiel étant de se replonger dans l'atmosphère heureuse de notre adolescence...

Je nous revois encore, élèves faussement studieux, bien plus préoccupés à faire les quatre cents coups qu'à préparer nos examens, jamais en reste pour concocter une bonne farce au détriment de tel ou tel. Je me souviens des crises de fou rire, des après-midi de colle et des virées chez les uns et les autres au sortir du bahut. Je me rappelle aussi toutes les « boums » organisées à la va-vite, mais toujours réussies, qui commençaient au crépuscule pour ne finir qu'à l'aube. En même temps que je vous parle, je réentends tous les succès musicaux de l'époque sur lesquels nous dansions, petits quarante-cinq tours que l'on usait, sans s'en lasser, sur nos premières chaînes et nos anciens pick-up. Ça grésillait à qui mieux-mieux, mais peu nous importait du moment qu'on percevait le rythme. Il me revient aussi nos jalousies et nos disputes que le temps a transmuées en aussi beaux souvenirs. Tout cela nous paraissait important, essentiel, définitif, et pourtant... En tout cas, cela fait tout drôle de se retrouver là avec des visages d'adultes.

Je suis curieux de savoir ce que vous êtes devenus, si vous avez réalisé vos rêves et comment vous avez organisé votre vie ; j'ai envie de rencontrer vos maris et vos femmes, et de faire la connaissance de vos enfants. Bref, je veux tout savoir, comme vous sans doute, parce qu'on ne partage pas les plus belles années de sa jeunesse sans désirer partager encore plus avant. Raison pour laquelle je vais cesser à l'instant mon bavardage et reprendre ma place parmi vous.

Comme autrefois et pour longtemps, j'espère.

Discours en l'honneur d'un cinéphile ayant créé un ciné-club

Télévision, cinéma, vidéo : nous croulons sous les images. N'importe qui peut recevoir chez lui les programmes audiovisuels du monde. N'importe qui peut visionner n'importe quel film chez lui ou dans une salle. N'importe qui peut remplacer son vieil appareil photo par un camescope. Bref : les images sont partout, envahissantes, dictatoriales. Il fallait donc avoir un sacré culot pour oser ouvrir un ciné-club dans ce contexte. Du culot et un bon zeste de passion, le tout agrémenté d'une grande dose de folie.

Eh bien, l'audace a payé puisque votre ciné-club s'est taillé une jolie place dans nos habitudes. La salle n'est pas luxueuse, le matériel sans doute d'occasion, mais la programmation fait oublier tous ces détails. Eclectique dans vos goûts, intelligent dans votre démarche, vous avez su nous rendre indispensables ces rendez-vous ponctuels consacrés au septième art.

Nous avons ainsi appris à lire les images comme nous avions appris à lire les livres, mais sans effort, tant votre approche semblait évidente. Il faut dire que vous n'êtes pas comme ces intellectuels repliés sur eux-mêmes, qui boudent le plaisir. Avec vous, pas d'exclusive : comédies, drames, polars, films historiques, tragédies, tout est bon à voir pour peu que l'émotion soit au rendez-vous. Oh, je ne dis pas que nous avons toujours apprécié les œuvres que vous avez choisies ; on ne peut pas toujours plaire. Mais vos programmes ont au moins eu l'avantage de nous faire découvrir des styles ignorés... et de nous y intéresser. Pour le reste, c'est la vieille querelle des goûts et des couleurs. Et comme disait mon grand-père : *A chacun son mauvais goût !* Il faut donc continuer ce que vous avez commencé, même si la concurrence est rude.

Ne vous laissez pas faire. Battez-vous. Et, si j'ose dire, n'arrêtez pas de faire votre cinéma.

Discours prononcé par un récipiendaire lors de son élection à une société littéraire ou autre

Mesdames, Messieurs, plutôt que de vous faire un discours, je préfère vous raconter une petite histoire qui reflétera plus fidèlement la nature de mes émotions et de mes pensées... Il y avait une fois un petit garçon qui se passionnait déjà pour la chose littéraire. Il lisait, lisait beaucoup, à s'en user les yeux. Mais ce plaisir ne lui suffisait pas : il fallait aussi qu'il griffonne, cueillant une phrase par-ci, une citation par-là, accumulant ainsi, jour après jour, un formidable trésor.

Ce garçon a grandi, est devenu adolescent puis étudiant. Vous ne serez pas étonnés d'apprendre qu'il s'inscrit tout naturellement en section Lettres. Ses oreilles prirent alors le relais de ses yeux : il écoutait ses professeurs comme un mélomane une sonate... et continuait à prendre force notes.

Le bonheur a voulu que se trouvât, parmi ses enseignants, un homme qui le prit sous son aile. Dès lors, le jeune homme progressa à pas de géant, sans en tirer d'autre avantage qu'une curiosité sans cesse plus vaste à l'égard de la chose littéraire. Il se disait alors : *Ce que je sais n'est rien en comparaison de tout ce qu'il me reste à apprendre.* Et cette quantité vertigineuse de lectures à venir lui procurait autant d'amertume que de vertige. Pensez donc : l'infini rassure les gourmands puisqu'il ne pose aucun terme à leur gourmandise ; en revanche, il les laisse quelque peu dubitatif, puisqu'il ne leur permettra jamais d'aller au terme de leur quête.

Quoi qu'il en soit, le jeune homme grandit encore et se mit à écrire sur toutes celles et tous ceux – romanciers, poètes et penseurs – qui l'accompagnèrent jusque-là. Nouvelle chance : ses modestes travaux eurent l'heur de plaire à un éditeur qui les publia.

Les choses en seraient sans doute restées là si une bonne poignée de lecteurs ne s'étaient intéressés au travaux du monsieur qui, avec le temps, commençait à devenir vieux. *Succès d'estime*, se dit-il plus d'une fois à part lui, sans comprendre que ses recherches avaient suscité de réels échos. Imaginez donc sa surprise lorsqu'il fut invité à une soutenance de thèse qui faisait largement référence à ses écrits ! Et son ravissement lorsque parut un ouvrage qui prolongeait ses propres contributions.

Dès lors, cet homme se dit qu'il aurait peut-être la chance de côtoyer ceux qu'il n'osait toujours pas appeler ses pairs. Rêve insensé qu'il repoussa plus d'une fois sous prétexte de naïve vanité. Et là, troisième miracle : plusieurs beaux esprits l'incitèrent à se présenter à votre académie... ce qu'il ne fit que sous la contrainte !

Au terme de quoi, je me retrouve aujourd'hui parmi vous, timide comme vous pouvez le constater, mais si heureux de partager l'activité à laquelle nous nous sommes tous si intensément consacrés. Ce bonheur-là est sans mélange, mais rehaussé par une réelle et profonde fierté à être accueilli par tant de nobles personnalités.

Ensemble, j'ose croire que nous pourrons défricher des textes peu ou mal explorés, et faire partager les passions qui sont les nôtres. Pour la beauté du geste et pour l'amour de l'Art.

Discours en l'honneur d'un avocat ayant brillamment défendu une cause commune

Cher Maître, nous voilà pour la première fois réunis sans qu'il soit question de travailler sur le dossier qui nous a si longtemps occupés. L'affaire est achevée et, grâce à vous, le procès est gagné. Non, non : ne protestez pas. Prouver son bon droit est une chose, le défendre devant un tribunal en est une autre. Ce qu'on pourrait traduire par une formule lapidaire : il ne suffit pas d'avoir raison pour obtenir gain de cause. De fait, il faut bien connaître les lois, savoir s'orienter dans le dédale des procédures et posséder cet art du verbe qui démontre et convainc à la fois pour asseoir fermement son avantage et prouver la légitimité de son action. Toutes qualités techniques que vous maîtrisez parfaitement, mais qui n'auraient guère eu de poids si elles ne s'étaient doublées d'une capacité d'écoute et d'une intelligence hors pair. En acceptant de nous défendre, vous ne vous êtes, en effet, pas contenté de constituer un dossier à partir des seules informations mises à votre disposition. Vous êtes allé beaucoup plus loin, effectuant un véritable travail d'investigation, comme si notre cause était devenue la vôtre propre. Vous vous êtes même si pleinement impliqué que vous avez trouvé des motivations et arguments nouveaux pour plaider avec le succès que l'on sait.

C'est donc tout à la fois à l'homme et au professionnel que nous nous adressons aujourd'hui, à celui qui a su si parfaitement conjuguer savoir et personnalité, sans compter ni son temps ni ses efforts pour parvenir au but qu'il s'était fixé. Cette droiture mérite reconnaissance, et cette obstination applaudissements. Parce que bien peu d'hommes de l'art – toutes professions confondues – savent aussi exercer l'art d'être homme, avec tout ce que cela signifie d'engagement, de passion et de générosité. C'est donc bien naturellement que nous offrons les honoraires à l'avocat, sans l'intervention duquel rien n'aurait été possible, et nos remerciements à l'homme de cœur, qui peut être assuré de notre plus sincère gratitude.

Discours en l'honneur d'une femme ayant créé une garderie d'enfants

Il y a tout juste un an, chère amie, vous me contactiez pour organiser un réseau de garde d'enfants avec les mères du quartier. L'idée m'avait paru bonne, mais j'étais loin de partager votre enthousiasme. J'étais en effet persuadée que ce genre d'association était, tôt ou tard, vouée à l'échec. Au début, tout le monde s'emballe, parce qu'il est bien commode de compter sur les autres pour régler ses problèmes de garde quotidiens... quitte à payer de temps à autre de sa personne. Mais après, on sait ce que c'est : on s'excuse, on se récuse et l'on finit par refuser toute responsabilité. C'était compter sans votre force de conviction, votre enthousiasme et votre formidable sens de l'organisation. Raison pour laquelle j'ai finalement accepté de vous aider, prenant à cœur de défendre le projet auprès des autres mères avec une ardeur que je ne me connaissais pas.

Résultat : nous voilà réunies aujourd'hui pour fêter le premier anniversaire de notre association dont le bilan est plus que positif. Rendez-vous compte : grâce à vous, nous avons pu créer une grande chaîne de solidarité qui nous a rendu et nous rendra encore quantité de services. Mais cela n'est rien comparé au bilan... disons affectif de l'expérience, car les bénéfices pratiques de notre organisation se doublent d'un formidable climat d'amitié. En nous confiant nos enfants, nous nous sommes donné l'occasion de mieux nous connaître et, partant, de nous apprécier. De simples adhérentes, nous sommes devenues des amies inséparables ; et nos chères têtes blondes peuvent être fières d'appartenir à une grande famille. Pour elles comme pour nous, c'est une chance exceptionnelle qu'il fallait souligner. Il est si rare aujourd'hui de rencontrer vraiment les autres. Pour toutes ces raisons, nous sommes heureuses de vous offrir ce bouquet de fleurs, témoignage de notre gratitude et de notre amitié.

Discours en l'honneur d'un obstétricien-gynécologue à l'occasion de ses vingt-cinq ans de carrière

Donner la main aux femmes qui donnent le jour constitue, à coup sûr, l'un des plus beaux métiers qui soient. En ce qui vous concerne, Docteur, la profession est encore plus belle puisqu'elle vous a permis d'assister à la naissance de plusieurs milliers d'enfants. Combien en tout : dix mille ? quinze mille ? Vous ne les avez sans doute pas comptés. En tout cas, la somme doit être conséquente ! En passant l'autre jour devant votre clinique, je me disais que vous deviez croiser quotidiennement d'anciens bébés pour qui votre visage fut la première image... et qui bien sûr ne vous reconnaissaient pas. Et je me suis demandé si vous songiez parfois à tous ces garçons et ces filles, devenus aujourd'hui hommes et femmes, dont certains viennent vous consulter sans savoir peut-être qu'ils entrèrent dans la vie par vos mains. L'idée est séduisante, vous ne trouvez pas, de côtoyer ainsi de façon fort civile des êtres avec qui l'on a connu une intimité si prégnante et si secrète en même temps ?

Ce qui m'amène tout naturellement à dire que, d'une certaine façon, vous faites partie d'un très grand nombre de familles, comme ces oncles ou cousins à la mode de Bretagne dont nul ne connaît véritablement le lien de parenté exact. Etranger intime ou ami étranger, proche et lointain tout à la fois, vous êtes néanmoins le familier d'un grand nombre de gens dans la ville. Raison pour laquelle nous avons voulu célébrer à notre façon le vingt-cinquième anniversaire de votre entrée dans la profession, en fêtant l'événement comme nous l'aurions fait pour n'importe quel membre de nos familles. Le professionnel mérite nos remerciements, et notre plus chaleureuse gratitude va à l'homme qui a partagé l'instant de nos plus belles émotions. Recevez donc ce double hommage pour ce qu'il est : le désir exprimé par nous tous de partager un peu plus étroitement avec vous le bonheur et le miracle de la vie, à une date qui n'a, à vrai dire, servi que de prétexte.

Discours à l'occasion d'une fête de solidarité

Il y a quelque paradoxe à organiser une fête pour venir en aide aux plus démunis. Et pourtant, je ne voudrais pas qu'une telle idée puisse remettre en cause la générosité de nos intentions. Nous avons pensé, en effet, qu'il était plus judicieux de se réunir autour de différentes attractions que d'effectuer une énième collecte, et ce pour plusieurs raisons. La première est que ce genre de rencontre a pour insigne avantage de rassembler toutes celles et tous ceux qui, d'habitude, œuvrent dans l'ombre ; cela permet de prendre conscience que l'on n'est pas seul et, l'union faisant la force, conforte chacun dans son action.

De plus, nombreux sont ceux qui, soit par ignorance, soit par oubli, n'auraient pas eu l'heur de participer à ce mouvement d'entraide ; leur venue à la fête constitue donc une chance supplémentaire de mobilisation. La seconde découle directement de la première, à savoir qu'un rassemblement convivial tel que celui-ci prend une dimension radicalement plus officielle qu'une somme d'engagements privés et, partant, suscite un écho d'autant plus positif dans l'opinion, écho grâce auquel nous pourrons encore renforcer nos moyens et nos effectifs. La troisième, que chacun s'est dépensé sans compter pour faire exister cette fête, montrant ainsi que l'on peut se mobiliser dans le plaisir et dans la joie pour combattre la malchance, le malheur et la misère. Et la quatrième que la solidarité n'est pas seulement affaire d'attention et de secours, mais aussi de qualité de vie. La force d'une communauté est proportionnelle à la conscience qu'elle a de son unité et de sa cohésion. Le nombre de participants rassemblés à cette fête témoigne avec éloquence que chacun s'est mobilisé autour de ces questions. Bravo à vous et mille mercis.

Discours en l'honneur d'une personne ayant fait don de ses organes à la science

Penser aux autres après sa mort : voilà un très beau sentiment que les progrès de la science ont permis de formuler. Quoi de plus généreux, en effet, que de faire littéralement don de soi pour sauver des existences en péril ? Le choix n'est pourtant guère aisé, même si l'on sait que ce qu'on a de plus intime ne sera plus, alors, d'aucune utilité. Beaucoup de gens répugnent néanmoins à un tel engagement et nul ne saurait les en blâmer. En revanche, il faut applaudir à tout rompre celles et ceux qui ont la force de dépasser leurs appréhensions, leurs doutes et leurs craintes pour témoigner de cet élan d'amour. Un amour qui s'affirme décidément bien plus fort que la mort et qui prouve que les vœux des poètes n'étaient pas des rêves sans fondement. Un tel degré de générosité contrebalance avantageusement toutes les horreurs qui bouleversent sans cesse le monde.

Bravo donc pour cette abnégation et cette preuve éloquente de solidarité.

Et puisse votre engagement servir d'exemple au plus grand nombre.

Discours en l'honneur d'une personne ayant recueilli des animaux abandonnés

Cela fait bien longtemps que nous vous observons, chère Madame, non pas comme des espions, mais comme des voisins d'abord étonnés, puis émerveillés par l'attention constante que vous portez aux animaux abandonnés. Combien en avez-vous recueilli depuis toutes ces années ? Vous seriez sans doute bien incapable de le dire. Mais peu importe la quantité, c'est l'amour qui compte, la générosité de l'amour qui a permis à toutes ces pauvres bêtes de trouver un refuge avant de retrouver un foyer. Car vous ne vous êtes pas contentée de les sauver d'une mort certaine ; vous avez aussi tenu à assurer leur avenir, si j'ose m'exprimer de cette façon, en leur trouvant un vrai foyer.

Par des indiscrétions bienvenues, qui ne sont rien d'autre que des témoignages, nous avons appris que vous ne vous contentiez pas de profiter des hasards pour placer vos animaux. Vous vous refusez, en effet, à confier vos bêtes à quiconque sans enquête préalable. Au désir d'adoption, vous avez répondu de façon favorable, à condition que les nouveaux maîtres soient réellement en mesure d'assurer le bonheur de leurs petits compagnons. Mieux encore : vous n'avez pas ménagé votre peine pour convaincre certains d'entre nous de prendre en charge un chien, un chat, un oiseau ou que sais-je encore, alors même que l'idée ne nous en avait jamais traversé l'esprit. Démarche de fine psychologue qui, à ma connaissance, s'est toujours soldée de façon positive, puisque les heureux élus se sont découverts une passion qu'ils étaient loin de soupçonner à l'égard de leur pensionnaire à deux ou quatre pattes. Cet engagement quotidien, dont nous ne connaissons pas d'autre exemple alentour, va beaucoup plus loin que vous ne le pensez. Bien plus que votre célébrité, c'est votre attention, votre patience et votre générosité qui nous touchent.

Tant de délicatesse et d'humilité nous mettent du baume au cœur au regard de toutes les vilenies du monde actuel. Vous êtes une bouffée d'air frais. Ne changez pas surtout. Continuez votre belle œuvre et, pour ce faire, acceptez notre modeste contribution, simple cadeau d'amitié... pour que le sourire triomphe de la peine et que le malheur ne frappe pas les plus démunis.

Discours en l'honneur d'un médecin ayant sauvé des jeunes de la drogue

Un titre n'est rien sans les qualités humaines qui le sous-tendent. Cette affirmation prend tout son sens avec vous, Docteur, qui vous êtes dépensé sans compter auprès des jeunes de notre cité. Attentif et disponible, vous avez accueilli et suivi un nombre incalculable d'adolescents qui, sans vous, auraient immanquablement sombré dans la délinquance.

Votre arme ? La conviction. Vos moyens ? L'intérêt et la patience. Votre méthode ? L'implication. Et quelle implication quand on sait que vous n'avez jamais compté votre temps, disponible au-delà de toutes limites. Parce que vous concevez le métier de médecin pour ce qu'il doit être fondamentalement : un sacerdoce, une véritable vocation.

Ecouter sans juger, soutenir sans imposer, aider sans assister constituent les secrets de votre réussite auxquels les jeunes désormais sortis d'affaire ont voulu rendre hommage. Nous savons d'ailleurs que certains d'entre eux travaillent désormais à vos côtés, conscients que leur témoignage et leur présence peuvent être d'un poids décisif dans le combat que vous menez. Sans main tendue, pas d'espoir. Hors de la solidarité, point de salut.

C'est pourquoi nous sommes réunis ce soir : pour vous remercier de votre action, bien sûr, mais aussi et surtout pour vous dire que nous nous associons concrètement à vos efforts tant dans nos foyers respectifs qu'au sein de la cité, puisque vous nous avez donné les moyens de faire face à ce fléau qu'est la drogue par votre seul exemple. Grâce à quoi nous pouvons espérer briser l'engrenage de la fatalité, maintenant que nous sommes dégagés des *a priori* qui polluaient notre vision des choses.

La tâche est rude, mais nous l'assumerons.

Discours à l'adresse de jeunes ayant effectué un travail d'intérêt général

Désenneigement des trottoirs d'une petite localité

Nous ne savons pas lequel d'entre vous a eu l'excellente idée de nettoyer les trottoirs après l'importante chute de neige qu'a connu le village... et nous ne voulons pas le savoir. Car tous les membres de votre petite bande se sont mis courageusement au travail, déblayant à tour de bras et ménageant des passages où nous avons pu circuler en toute sécurité. Grâce à vous, les plus vieux ont pu aller faire tranquillement leurs emplettes au lieu d'attendre des jours meilleurs... qui risquent de se faire attendre longtemps, si l'on en croit les prévisions météo. Autrement dit, vous avez fait ce qu'on appelle une œuvre de salubrité publique, montrant que le civisme ne vous est pas une vertu étrangère. Mais je suppose que votre geste a été inspiré aussi et surtout par un véritable sentiment de générosité à l'égard de toutes celles et ceux que vous croisez jour après jour, ce qui lui donne encore plus de prix et légitime doublement notre reconnaissance. C'est pourquoi vos parents et les commerçants du quartier ont tenu à souligner votre effort en vous offrant une corbeille cadeau dans laquelle chacun trouvera de quoi se satisfaire. Il y a des bonbons, des gâteaux, des jouets, des revues et des livres que vous vous partagerez en fonction de vos goûts. Ne vous disputez pas pour autant et merci encore de votre gentillesse.

Nettoyage d'un bois

Sensibilisés par tous les problèmes d'environnement, vous avez décidé d'occuper plusieurs de vos dimanches à débarrasser le bois voisin des détritus qui s'y étaient accumulés... et le résultat est tout simplement exemplaire. Nous en sommes d'autant plus heureux que vous avez décidé seuls de faire ce travail on ne peut plus ingrat, prouvant ainsi que vous êtes bien plus raisonnables que la plupart des adultes, qui s'accommodent un peu trop facilement de la dégradation du patrimoine commun.

Cela nous permet de penser que, grâce à vous, l'avenir sera plus propre et plus sain, puisque les gens d'aujourd'hui ne manifestent aucun intérêt pour le respect de la nature. Ce n'est pourtant pas faute d'avoir disposé des corbeilles tout au long des sentiers ni d'avoir clairement notifié que toute décharge était interdite dans ce secteur. Mais les pollueurs se moquent des avertissements et n'en font qu'à leur tête, ne se donnant pas même la peine d'un petit effort pour laisser la place nette. C'est dire que vous avez l'avantage sur eux de la conscience du problème et de la volonté de le résoudre autrement que par délégation..., je veux dire par la mise en place d'un service de nettoyage municipal dont nous ne pourrions d'ailleurs pas assumer le coût. Sans implication de chacun, pas de vie commune possible.

Puisse votre courage faire réfléchir les coupables des différentes dégradations dont vous avez heureusement gommé les effets, coupables qui seront, j'en suis sûr, les premiers à apprécier votre travail. Qu'ils tirent la leçon de leur paresse et de leur inconscience. En un mot, qu'ils vous rendent justice et comprennent enfin qu'il faut bien peu de chose pour préserver la beauté de notre campagne.

Construction d'un parc de jeux pour enfants

Se souvenir de son enfance, c'est vivre jeune très longtemps. Telle doit être votre philosophie, vous qui avez profité de vos heures de loisir pour concevoir, construire et entretenir ce véritable paradis pour les petits et les plus grands. Pensez donc : dans ce coin de bois où il n'y avait que fougères et troncs lisses, vous avez trouvé le moyen d'inventer un monde fantastique fait de huttes, de labyrinthes et de pistes au détour desquelles se dressent des manèges de cordes et des toboggans.

Si l'idée est magnifique, la réalisation l'est tout autant : c'est fou ce que vous savez faire avec un bout de toile, quelques poignées de feuilles et des rondins de bois. Ici, c'est une petite maison en dur avec une porte qui se ferme et de vrais rideaux aux fenêtres ; là, c'est une cabane habilement posée sur la fourche d'un arbre, à laquelle on accède par une échelle ; plus loin, c'est une tente indienne plantée devant un étonnant totem ; plus loin encore, c'est une immense structure de corde qu'on peut escalader et au sein de laquelle on peut presque se perdre ; là-bas, c'est un superbe parcours ménagé à travers les fougères, jeu de piste dans lequel on s'aventure à ses risques et périls tant le dessin est savant ; et tout là-bas, enfin, c'est le royaume des glissades.

Oserais-je l'avouer : devant ce petit monde, je regrette de n'avoir plus dix ans ! Quelle joie ç'aurait été pourtant de s'évader hors des frontières du raisonnable pour devenir Buffalo le guide, Œil de Lynx l'Indien, Robin des Bois l'« Outlaw » ou encore quelque autre de ces héros qui dorment en nos cœurs. Mais l'âge est là. Contentons-nous alors de vivre par procuration le bonheur éclatant de ces enfants devenus les seuls maîtres de ce royaume... et de partager le vôtre qui donne à vos regards de singuliers éclats.

Restauration de locaux insalubres

Choisir de travailler quand on est en vacances est une décision louable. Mais quand on travaille sans espoir de rémunération, par pur élan de solidarité, l'effort est encore plus méritoire. Oh, je sais, vous n'aimez pas les compliments et vous ne vous êtes pas engagés dans la restauration de ces appartements dans l'espoir d'une quelconque louange. Il n'empêche : à toujours taire les actes importants, on finit par oublier l'essentiel. Car enfin, quoi de plus fondamental, quoi de plus urgent que de s'unir pour combattre l'échec, vecteur d'exclusion, de misère et de solitude. Car ici comme ailleurs, le chômage sévit, les accidents, la maladie, la mort frappent indifféremment les gens.

Certains peuvent faire face, d'autres s'écroulent, d'autres enfin n'ont pas les moyens. Les assurances et les secours institutionnels sont une chose ; la solidarité en est une autre. Sans elle, on ne bénéficie pas d'aide, mais d'une simple assistance : un mot effrayant ! Raison pour laquelle votre geste est important : en aménageant ces locaux qui ne servaient plus à personne, vous avez non seulement redonné un toit à des personnes qui, sans vous, n'en auraient pas, mais vous avez surtout permis à ses hôtes de retrouver la dignité que le sort leur avait ôtée.

C'est dire le prix inestimable de votre engagement, auquel l'humilité ajoute une valeur supplémentaire. Et si le bonheur vous paye de tous vos efforts, sachez qu'il rayonne aussi sur tous les témoins que nous sommes.

Nettoyage d'une cité de banlieue

Je me souviens de la première fois où vous avez émis l'idée de nettoyer la cité de toutes ces seringues abandonnées par les toxicomanes. L'idée était excellente mais, je dois l'avouer aujourd'hui, elle ne me paraissait pas aussi urgente que vous vouliez le croire. Oh, j'avais bien sûr eu l'occasion de trouver ce genre d'objets dans les escaliers de mon bâtiment, mais c'était somme toute assez rare. En fait, je n'y faisais pas très attention. Et ce que je ne savais pas, c'est qu'on en trouvait dans tous les coins, pour peu qu'on se donne la peine de chercher. Vous avez alors eu la sagesse d'insister et nous avons acheté le matériel nécessaire.

Bon sang : que vous avez bien fait de me pousser. Qui aurait pu croire, malheureusement, qu'on trouve tant d'objets dangereux comme des seringues par exemple. Partout : dans les caves, dans les parkings, sous les boîtes aux lettres, dans les niches des compteurs de gaz et d'électricité, entre les voitures garées à l'extérieur et sur les pelouses même... à deux pas des jeux pour enfants. Je n'en reviens pas. Quelle récolte ! Regardez, tout est là, dans cette vieille poubelle que l'on va se charger de faire incinérer. Personnellement, je n'ai pas compté : vous avez fait ça mieux que moi...

C'est effrayant. Mais ce qui me rassure, c'est que vous êtes bien décidés à faire le nécessaire désormais, pour éviter les accidents et rendre à cette cité la sécurité qu'elle aurait dû toujours connaître. On commence par le ramassage, on sensibilise et l'on finit par faire reculer le fléau. Votre volonté et votre détermination sont les seules armes valables pour préserver les jeunes de la drogue et de la déchéance.

L'avenir est entre vos mains. Grâce à vous, je suis sûr qu'il sera meilleur.

Collecte de dons pour un pays du tiers monde

Comment peut-on vivre sans partage : nous avons tout et ils n'ont rien. C'est par ces mots que quelques-uns d'entre vous ont décidé, voilà quelque temps, d'organiser une collecte à l'intention des enfants d'Afrique, victimes de la guerre, de la sécheresse et de la famine. Mais vous ne vouliez pas vous contenter d'une quête, selon votre propre expression. Vous désiriez aussi et surtout informer, de manière à ce que les gens prennent enfin conscience de l'ampleur et de la gravité du problème, et se rendent bien compte que l'avenir du monde passe par une mobilisation générale des habitants des pays industrialisés. Pas question cependant de s'en remettre exclusivement aux politiques ; parce que la solidarité est affaire d'hommes avant que d'être affaire d'institutions ; et parce qu'au bout du compte, les politiques ne sont jamais que les élus du peuple dont ils réalisent les désirs et les ambitions. Vouloir aider l'Afrique, ce n'est pas seulement parer à l'urgence, c'est aussi faire en sorte que l'avenir puisse grandir sur des bases plus justes. Raison pour laquelle vous avez conçu, réalisé et distribué un tract de sensibilisation qui développe, une à une, ces différentes idées..., pour que les dons que vous réclamez s'accompagnent d'une réelle implication de la part de chacun.

On ne se débarrasse pas du malheur avec quelques pièces, et la souffrance ne se combat pas qu'avec de l'argent. Cette réflexion très rationnelle et très généreuse, qui témoigne d'une lucidité exemplaire à l'égard des réalités contemporaines, est d'autant plus précieuse qu'elle vient d'une génération montante. Grâce à vous, nous sortons de nos petits cocons pour faire un pas vers l'essentiel.

Merci de votre engagement, merci de votre révolte.

Restauration d'une vieille demeure typique

Faire vivre la mémoire de son pays, c'est plonger au cœur de ses racines. Pour ce faire, les uns se documentent sur l'histoire de leur région, d'autres perpétuent les us et traditions, d'autres enfin choisissent de s'arracher au temps les témoignages du passé. C'est cette solution que vous avez retenue en choisissant d'exhumer l'une de nos plus vieilles demeures que le lierre et les ronces avaient presque aussi bien rongée que le temps.

A vrai dire, personne ne se souvenait plus d'elle, tant elle faisait corps avec le végétal. Et puis voilà que, mus par une curiosité que je qualifierai d'archéologique, vous avez voulu arracher cette maison à la mort. Une tâche ardue à bien des égards, compte tenu de l'état de dégradation des lieux et de leur environnement.

Mais c'était sans compter avec votre acharnement. Têtus et obstinés, vous l'avez d'abord déshabillée de son costume de verdure ; puis vous avez gratté les murs, poncé les sols, restauré le toit, reconstruit la façade, respectant en tous points les usages en matière d'architecture locale. Et comme tout cela ne vous suffisait pas encore, vous l'avez remeublée à l'identique et décoré de la plus belle façon qui soit. Résultat : nous avons aujourd'hui un musée bien vivant, témoignage des arts et traditions populaires de notre province pour lequel bien des promeneurs se déroutent pour en goûter la saveur. Nous vous savons gré de nous avoir ainsi rendu notre mémoire et craignons désormais que, poussé par une passion sans cesse plus dévorante, vous n'ayez l'idée de vous exiler vers d'autres lieux où dorment des maisons en mal de rédempteurs.

Discours en l'honneur d'un sauveteur

Vous dire merci pour votre geste, ce serait un peu court, jeune homme. Vous méritez mieux. Bien mieux. Parce qu'il est infiniment rare de rencontrer des gens qui osent prendre des risques sans même se poser la question de leur sécurité. Lorsque vous avez plongé dans la mer houleuse, cet après-midi, pour aller rechercher les enfants qui partaient vers le large dans leur petit canot pneumatique, vous n'avez pas hésité un seul instant. Non, non, ne rétorquez pas : j'étais là, je vous ai vu et j'ai été émerveillé. Aussi bon nageur que vous soyez, il y avait grand danger à tenter ce sauvetage. Mais vous n'avez pas tergiversé. Bien d'autres personnes étaient sur la plage ; tout le monde criait et s'affolait. Vous seul avez fait le geste qu'il fallait, au risque de vous perdre. Car vous avez eu bien du mal à rejoindre la petite embarcation qui s'éloignait rapidement du rivage. Et deux fois plus de mal encore à la ramener sur la plage. Peut-être étiez-vous sûr de vous. Pour ma part – et je ne suis très certainement pas le seul à avoir ressenti cette impression – j'ai craint pour votre vie. Et j'ai croisé les doigts, Monsieur, j'ai invoqué le ciel et murmuré mille prières pour que votre courage soit récompensé. Aussi, lorsque vous avez repris pied sur le sable, avec les deux marmots qui tremblaient comme des feuilles, j'ai pleuré. Pleuré de joie comme cela ne m'était jamais arrivé. Et de cela aussi, je voulais vous remercier, puisque, hélas, je suis arrivé à un âge où il m'aurait été impossible de prendre votre place. Puisse votre générosité servir d'exemple... Et l'avenir vous donner l'occasion de suivre ces enfants pour qui vous êtes désormais comme un second père.

Discours en l'honneur d'un policier (ou d'un gendarme) s'étant distingué par une action héroïque

Un fonctionnaire de police [ou un gendarme] s'étant particulièrement distingué dans l'exercice de ses fonctions reçoit tout naturellement l'hommage de sa hiérarchie. Mais il mérite aussi – et peut-être surtout – l'hommage des citoyens qui ont directement bénéficié de son action. Aussi est-ce avec un réel plaisir et une émotion sincère que je prends la parole au nom des habitants de ce quartier, pour remercier tout à la fois l'homme et le policier [ou le gendarme] pour son esprit d'à-propos, son courage et sa maîtrise lors des événements que nous avons tous en mémoire. Un manque de tact, une imprudence ou un excès de zèle aurait pu tout faire basculer dans le drame.

Rien de tout cela n'est arrivé, fort heureusement, grâce à cet homme qui n'a pas hésité à mettre sa vie en jeu pour nous protéger. *C'est son métier*, diront certains. Eh bien non, justement : les policiers [ou les gendarmes] n'ont pas pour vocation de se faire tuer ; leur mission est de défendre... et de se défendre par la même occasion. Ce qui n'a pas empêché notre héros de s'impliquer totalement, en prenant des risques inouïs qui se sont révélés payants. C'est ce geste que nous admirons et cette stratégie que nous applaudissons hier comme aujourd'hui, sûrs que notre gratitude fera autant honneur à ce policier modèle [ou ce gendarme] que la décoration qui lui sera, je peux vous le dire maintenant, attribuée par ses supérieurs.

Discours en l'honneur d'une brigade de pompiers s'étant particulièrement illustrée lors d'une catastrophe naturelle

Il y a une chose que nous aimerions vous demander : comment pouvez-vous être dehors quand la tempête fait rage, que le vent souffle en rafale, que la pluie tombe comme un rideau et que la rivière sort en bouillant de son lit ? Comment, dans ces conditions, vous est-il possible de porter secours aux gens puisque aucune route n'est sûre et qu'aucun chemin n'est plus praticable ?... Mystère ! Toujours est-il que vous vous trouvez chaque fois au bon endroit, au moment où il faut, pour éviter des drames qui sans cela auraient obligatoirement lieu.

Une question encore : comment faites-vous pour vous démultiplier à l'envi, présents ici, intervenant là, sans jamais compter à la dépense ? Si nos souvenirs sont bons, trente-six heures, au moins, se sont écoulées entre le déclenchement de la tempête et le moment où tout a commencé à se calmer. Trente-six heures durant lesquelles vous n'avez cessé de vous activer, indifférents à la faim, à la fatigue et au sommeil ; indifférents même aux blessures, semble-t-il, puisque plusieurs d'entre vous nous ont secourus avec de vilaines plaies au visage, aux jambes et aux mains.

Et si tout était rentré dans l'ordre au terme de ces fameuses trente-six heures ! Mais ce ne fut nullement le cas ; souvenez-vous : les rues à nettoyer, les caves à vider, les voitures à relever, les routes à dégager... Deux jours après le drame, vous étiez encore là à vous activer.

Quel est donc votre secret ?

Eh bien, nous allons vous le dire : le courage, simplement le courage, avec tout ce que cela suppose de volonté, d'abnégation et de générosité. Une qualité moins rare qu'on pourrait le penser, mais que vous avez portée au plus haut degré. Et ne nous dites surtout pas que cela fait partie du métier ! C'est ce qui le fonde, au contraire, et le fait exister. Comme les sauveteurs en mer, les démineurs et autres professionnels qui ont fait profession du danger.

Des gens comme vous, cela met du baume au cœur et ça redore grandement le blason de l'humanité. Encore fallait-il le dire haut et fort, afin que cela se sache et que cela soit répété.

Bravo, Messieurs, pour votre dévouement extraordinaire, votre bravoure et votre humilité. Bravo pour votre sens du devoir. Bravo pour votre orgueil d'homme et de pompier. Bravo pour votre honneur. Et merci du fond du cœur pour toutes ces qualités.

Discours d'un membre de la famille d'un artiste disparu dont le nom vient d'être donné à une rue, à une salle municipale ou à une salle de musée

Il n'est guère aisé de parler en lieu et place de celui dont le nom est honoré aujourd'hui par cette inauguration. Je ne m'aventurerai donc pas à dire ce que lui-même aurait mieux exprimé, mais j'imagine le bonheur qui aurait été le sien en cette occasion. Le bonheur et la gêne aussi, car il est toujours difficile de recevoir un hommage de ses concitoyens quand on s'est contenté de vivre modestement sa passion au quotidien.

Mon père [ou mon ancêtre] était, en effet, une personne modeste dont l'ambition était de parfaire son art et de le faire partager par le plus grand nombre ; juste pour le plaisir de vivre dans la joie de la création et de l'échange, sans aucun souci de célébrité. Il n'avait, je vous l'assure, que faire de la postérité dans ce qu'elle peut avoir d'officiel, bien plus comblé par l'idée que ses œuvres enchanteraient secrètement le cœur de ceux qui lui survivraient.

Ce qui l'aurait donc le plus touché aujourd'hui, c'est de voir que ses efforts n'avaient pas été vains et que sa quête du beau avait été aussi l'affaire de tous les gens d'ici et de plus loin encore, puisque son œuvre a donné lieu à de multiples expositions.

En ce jour mémorable où son nom brille au fronton de cette rue [ou de cette salle], j'éprouve, pour ma part, un sentiment de fierté qui n'a cependant rien à voir avec de l'orgueil. Fierté d'avoir eu la chance de côtoyer cet homme qui a su se rendre si proche de tous ; fierté d'appartenir à ce quartier qui l'a vu naître ; et fierté de voir qu'il était aussi aimé et respecté de toutes celles et de tous ceux au milieu desquels il passa la majeure partie de son existence. Plus vivante que jamais, sa mémoire fait désormais intégralement partie de notre vie quotidienne.

En son nom et au mien, je vous remercie sincèrement pour cette idée et pour ce geste.

Discours en l'honneur d'un voisin devenu célèbre revenant dans son quartier (ou son village)

La vie est drôle, tout de même, qui nous rend tous un peu timide à votre encontre du fait de l'aura qui vous entoure. Nous savons bien pourtant que vous n'avez pas changé, sinon vous n'auriez pas éprouvé le désir de revenir parmi nous pour retrouver un peu de vos racines. Il est vrai que la lumière des projecteurs ne doit pas être chose agréable à la longue, car rien n'est finalement plus lassant que cette clarté artificielle face aux subtiles variations de notre bon vieux soleil.

Cela étant, quel beau parcours que le vôtre. Un parcours qui vous aura conduit aux quatre coins du monde, sans pour autant vous éloigner vraiment de nous. Paradoxe ? Non. Miracle de la technique plus simplement, puisque la télévision s'est fait l'écho de tous vos déplacements, et qu'aucun de vos anciens voisins ne vous a, de ce fait, perdu de vue. Mieux encore : ils ont suivi chaque moment de votre carrière plus fidèlement encore que si vous étiez resté dans le quartier [ou au village].

Mais foin des belles paroles et des témoignages d'amitié : nous ne voudrions surtout pas abuser de votre temps, et encore moins empiéter sur une intimité bien méritée. Vous devez avoir, en effet, grand besoin de vous isoler pour retrouver le parfum des lieux où vous avez grandi. Et ce n'est sans doute pas pour recevoir de nouveaux éloges que vous êtes revenu ici... même si nous savons que notre petit comité d'accueil ne vous laisse pas indifférent. Il suffit de voir le sourire qui s'ébauche sur vos lèvres pour en être convaincu...

Rassurez-vous cependant : nous n'abuserons pas de votre patience. D'ailleurs, ce discours n'a que trop duré. Je me tais donc, persuadé que vous saurez lire dans le silence toute l'amitié que nous n'avons jamais cessée de vous porter. Pardonnez-nous, alors, cet élan d'enthousiasme pour un « fils prodigue » d'une rare espèce.

Profitez bien de votre séjour parmi nous et soyez tranquille : nous ferons tout ce qui est en notre pouvoir pour que vous ne soyez plus dérangé.

Discours en l'honneur d'un propriétaire de chien ayant remporté le premier prix d'un concours-exposition

Récompenser un chien, c'est couronner son maître. Pourquoi ? Parce qu'un animal tel que celui qui vient de remporter la Coupe ne s'est pas fait tout seul. Pour en arriver là, il a fallu procéder à une sélection draconienne pendant plusieurs années. Ce qui suppose une passion de tous les instants, beaucoup de savoir et autant de patience. Les néophytes ne savent pas, en effet, tout le travail qu'implique l'élaboration de spécimens aussi beaux...

Cela étant, l'aspect physique est une chose, l'éducation en est une autre. Et une éducation aussi parfaite ne peut aboutir que s'il existe une parfaite osmose entre le maître et son chien ; un animal dont il aura su préalablement cerner la personnalité dans ses moindres détails pour y adapter au mieux ses méthodes d'éducation, et obtenir ainsi les résultats les plus probants.

Ces remarques, que tous les propriétaires trouveront sans doute banales, étaient cependant nécessaires, parce qu'on oublie trop souvent la somme constante de travail, d'efforts et d'attention que réclame la création de bêtes à concours. Et pour pédagogique qu'il soit, ce bref discours se veut également hommage à toutes celles et tous ceux qui, par leurs connaissances, leur enthousiasme et leur labeur, œuvrent sans cesse pour que de telles manifestations soient aussi de véritables spectacles. Grâce à eux, les races canines ont acquis leurs lettres de noblesse et, partant, une notoriété nouvelle.

C'était donc le moins que l'on pouvait faire de le rappeler haut et fort au terme de ce concours-exposition.

Discours en l'honneur des musiciens d'une formation locale

Joyeux amis, bonjour. Si l'on vous a demandé de venir nous jouer un de ces petits airs dont vous avez le secret, c'est pour célébrer un événement d'importance. Lequel ? Mystère. Vous le saurez bien assez vite. Faisons durer un peu le suspense, que diable... Disons donc, pour le moment, qu'il s'agit d'une fête pour laquelle il aurait été incongru de nous passer de vos services. Parce que tout le monde, ici, aime la musique, celle qui met de la joie au cœur et de l'électricité dans les jambes.

Bref, celle qui donne envie de rire et de danser : tout ce que vous savez faire – et bien faire – en somme ! D'ailleurs, voyez : tout est en place : la piste et le buffet avec tout ce qu'il faut de bon vin pour tournoyer jusqu'à demain...

Tout cela, me direz-vous, n'explique pas le motif de notre rassemblement. Rassurez-vous, j'y viens. Il y a bien longtemps que nous vivons ensemble. Nous nous connaissons bien, trop peut-être pour se dire clairement et sans détour combien nous sommes heureux d'avoir vécu ces nuits sans fin où, tout prétexte étant bon pour s'amuser, fêtes païennes et religieuses, commémorations, mariages, anniversaires et inaugurations ont toujours donné lieu à des bals spontanés dont le charme et l'entrain reposaient avant tout sur l'enthousiasme de votre formation. Pas une cérémonie officielle ne s'est déroulée, ici, sans les accents de votre harmonie, pas une fête n'a été organisée sans votre immense répertoire. Jazz, rock, valse, tango, mélodies d'autrefois et chansons d'aujourd'hui, aucun genre, aucun style, aucun rythme ne vous a jamais été étranger.

Ce soir encore, vous en ferez une nouvelle fois la preuve, heureux de jouer comme nous serons heureux de danser. Alors, vous l'avez sans doute compris maintenant, vous êtes les héros du jour et c'est à vous que va revenir la charge d'animer la petite réunion que nous avons organisée en votre honneur. Au travail, donc, amis ; faites chanter les cuivres, vibrer les cordes, résonner les tambours ; soufflez, grattez, tapez comme vous le faites d'habitude. Dépensez-vous sans compter : notre reconnaissance mérite bien ce petit effort ! Et dites-vous bien que personne ne profitera de votre concert pour voler les douceurs que nous avons préparées à votre intention et qui occupent une grande partie de la table.

Musique, s'il vous plaît. Et que la fête commence !

Discours en l'honneur d'un artisan venant d'être désigné Meilleur Ouvrier de France de sa spécialité

A l'heure du tout industriel, qui se traduit par une prolifération inquiétante des produits manufacturés tous plus anonymes les uns que les autres, il est rassurant de constater que la résistance se porte bien... Et qu'on peut officiellement lui rendre hommage en distinguant celles et ceux qui en ont fait l'une des valeurs premières de leur existence.

Car résistant, vous l'êtes à votre manière, puisque vous avez refusé de vous inscrire dans une logique commerciale qui sacrifie le bon goût sur l'autel de la rentabilité. Pour vous, pas question de se laisser happer par cette spirale qui signe, à terme, la mort de tout ce qui faisait jusque-là notre singularité.

Acceptant les rigueurs d'un métier aux contraintes nombreuses, vous avez pris le temps de vous familiariser avec les traditions les plus anciennes ; vous avez tout aussi longuement perfectionné les gestes et techniques propres à votre beau métier, avec une constance, une passion et une application qui vous honorent. L'artisan que vous êtes est devenu, alors, le gardien d'un trésor qui se transmet d'âge en âge et de génération en génération, sans renier pour autant les apports de la modernité.

Travailleur ouvert sur l'avenir, vous avez su adapter votre production aux caprices de la mode, sans pour autant vous y soumettre totalement. Moralité : vous voilà aujourd'hui distingué par ce prix qui va vous permettre de poursuivre votre travail dans les meilleures conditions. Passeport de la notoriété, la gloire de ces lauriers qui couronnent le Meilleur Ouvrier de France de votre spécialité, resplendissent également sur l'ensemble de votre profession.

Au-delà de la récompense individuelle, cette distinction témoigne, en effet, de l'intérêt et du soutien actif de tous ceux qui, comme nous, privilégient un certain art de vivre et sont sensibles à la belle ouvrage. C'est pourquoi nous avons tenu, nous aussi, à vous rendre hommage en ce jour où votre bonheur est plus que jamais celui de tous.

Discours en l'honneur d'un boulanger

« Une journée sans pain est une journée sans soleil », dit un fameux proverbe. Pour ma part, je dirais « Une journée sans bon pain est un très grand malheur ».

Vous l'avez compris, Monsieur le boulanger, cette nouvelle version de l'adage vous est tout naturellement dédiée, puisque cela fait maintenant des mois et des années que notre table s'illumine des fruits de votre travail. Résistant du bon goût, apôtre de la tradition, vous avez su, jour après jour, combattre les grands méchants loups de l'alimentation, tous ces industriels champions de la banalité qui n'ont pas hésité à mettre de l'infâme dans nos assiettes.

Avec vous, au contraire, l'artisanat a repris tous ses droits ; que dis-je, l'artisanat, l'Art même que requiert votre beau métier. Quand vous mettez la main à la pâte, c'est au sens propre, avec tout ce qu'il faut d'amour, de patience et de générosité pour offrir chaque fois une œuvre unique. Vos pains deviennent ainsi des gourmandises dignes d'un grand cuisinier. Tant et si bien, d'ailleurs, que les enfants eux-mêmes – pourtant si friands de nourritures aseptisées – ont succombé au charme de vos créations. Il faut les voir faire chanter la croûte en y plantant leurs petites dents, et savourer la mie comme s'il s'agissait d'un véritable gâteau... Et de vos gâteaux, parlons-en justement, qui sont si fins, si frais et si joliment présentés. Sculpteur et peintre, vous nous faites aussi manger des yeux ce que réclame notre appétit !...

Bref, vous nous comblez, Monsieur le magicien dont nous redoutons chaque année le départ en vacances. Méfiez-vous donc : il serait bien possible de vous les supprimer !

Discours à l'occasion de la remise des prix d'un concours sportif

Endurance et persévérance sont les deux mamelles du succès. La preuve : nos trois gagnants sont des sportifs accomplis qui n'ont jamais rechigné à l'effort. Tout le monde a d'ailleurs eu l'occasion de les voir s'entraîner, jour après jour, en dehors de leurs heures de travail ; et chacun aura pu constater qu'ils occupent leurs loisirs à de multiples sports : football, tennis, natation, course à pied, cyclisme, et j'en passe. Est-ce à dire que les autres concurrents n'avaient aucune chance contre ces trois athlètes ? Bien sûr que non, puisqu'ils ont eux aussi la force, le goût de la compétition et la jeunesse. Seulement voilà : il leur manque peut-être ce qui constitue l'atout secret des autres, à savoir la constance d'une pratique qui permet seule d'élaborer une stratégie gagnante.

Chiens fous, ils donnent le maximum sans songer à préserver leurs réserves, si bien qu'ils arrivent fourbus au terme de l'épreuve. « Qui veut voyager loin ménage sa monture », dit le proverbe. Que ces fougueux sportifs méditent donc un peu cet adage. Qu'ils apprennent à dompter l'élan sauvage qui les anime pour lutter à armes égales avec les vétérans qui leur ont ravi la palme. La compétition n'en sera que plus haletante pour eux et pour nous, humbles spectateurs, qui avons beau jeu de critiquer ces hommes et leurs exploits. Car il s'agit bien d'exploit, en l'occurrence, tant il est vrai que les performances enregistrées aujourd'hui sont loin d'être déshonorantes. Regardez d'ailleurs les résultats : nos champions n'ont rien à envier à l'Equipe de France.

Bravo à tous, donc ; affûtez votre stratégie et perfectionnez encore votre technique. Bientôt c'est sur le podium officiel de l'Equipe de France que nous viendrons vous serrer la main.

Discours de remerciement d'un sportif ayant gagné une épreuve

Merci de votre accueil et de vos compliments ; merci encore de vos applaudissements qui me vont droit au cœur ; et merci, enfin, des lauriers que vous venez de me tresser. Quoi qu'il en soit, je suis un peu gêné, car je ne pense pas mériter tout à fait ces éloges.

Pourquoi ?

Parce qu'on ne remporte pas seulement une épreuve sportive avec un bon entraînement, une bonne motivation et une bonne stratégie. En réalité, il faut aussi compter avec le hasard. Cette réflexion peut vous paraître étrange, mais je la tiens de ma propre expérience. Combien de fois me suis-je aligné au départ avec la conviction intime que j'étais fin prêt et qu'aucun concurrent ne pouvait légitimement me battre... J'étais en pleine possession de mes moyens et parfaitement concentré. Et puis, allez savoir pourquoi, crac badaboum, la belle mécanique s'enrayait au moindre grain de sable. Alors, adieu la première place, adieu même le podium. En matière de sport, l'infaillibilité n'existe pas. Cela tient souvent à si peu de choses : un mauvais geste au départ qui brise inconsciemment l'élan (mais qui peut aussi vous doper parfois), une montée d'orage qui alourdit le mouvement, un petit souci qui revient subitement en mémoire ou que sais-je encore ?... Toujours est-il qu'on perd le rythme et que, malgré toute sa volonté et tous ses efforts, on ne parvient pas à revenir sur ceux qui ont pris de l'avance. Les plus grands champions ont connu, eux aussi, de telles défaillances ; cela fait partie du jeu et c'est très bien. Cela nous rend plus humble...

Aujourd'hui donc, si j'ai gagné, ce n'est peut-être pas seulement en raison de ma force, de mon courage et de ma concentration, mais peut-être aussi parce que rien n'est venu troubler mon élan tandis que d'autres n'ont pas eu cette chance. C'est pourquoi j'aurai grand plaisir à m'inscrire à la prochaine épreuve, pour tester encore mes capacités et mes compétences. Bref, pour me remettre en jeu comme la première fois. Telle est la loi du sport.

Discours en l'honneur d'une personne ayant gagné le gros lot d'une loterie locale

L'important, c'est de participer ; mais lorsqu'on a la chance de remporter le gros lot, le bonheur est total. Notre gagnant ne nous contredira pas, même si la surprise lui ôte momentanément l'usage de la parole.

Laissons-le donc reprendre ses esprits et contemplons ensemble la belle surprise que lui a réservée le tirage au sort ; surprise qui, rappelons-le, est conjointement offerte par l'ensemble des commerçants du quartier. Avouez qu'ils ont bien fait les choses et n'ont pas lésiné sur la dépense...

Mais voilà que l'heureux élu semble reprendre pied. A son sourire ravi, on sent qu'il prend enfin conscience de ce qui vient de lui arriver. Eh oui, Monsieur [ou Madame], vous ne rêvez pas : c'est bien vous désormais le propriétaire de ce somptueux cadeau sur lequel vous ne comptiez manifestement pas. Est-ce à dire que vous ne faites généralement pas confiance au hasard ? Non, non, ne répondez pas encore. Laissez-nous deviner... Je parie que vous allez nous dire que c'est la première fois que vous avez de la chance. Je ne me suis pas trompé ? J'en étais sûr. Mais rassurez-vous : vous n'êtes pas le [la] seul[e]. On achète un billet, par pur plaisir du rêve, sans jamais véritablement songer à gagner. Et puis crac, la roue tourne et sort votre numéro. On ne veut pas y croire. On tend l'oreille, on vérifie les chiffres une seconde fois et l'on admet enfin la réalité. Quel effet cela fait-il ? Le cœur palpite et les jambes sont molles, mais le plaisir est incomparable.

Profitez-en, cher[e] gagnant[e], car la chance n'est pas une amie très fidèle. Savourez cet instant et emportez vite votre lot... non sans avoir pris la parole pour partager un peu de votre joie avec celles et ceux qui ont été trahis par le hasard. C'est bien le moins que vous puissiez faire.

Discours d'un joueur ayant gagné un lot important à une loterie locale

Gagner est plus facile que parler. A vrai dire, jamais je ne pensais remporter ce premier prix, même si secrètement je me disais que le hasard me donnait autant de chances que n'importe quel autre participant. Et puis, boum, voilà que mon numéro est sorti. J'en suis encore tout chose. Heureux, bien sûr, mais ne sachant trop comment m'exprimer sur ce sentiment étrange que je n'avais jamais eu l'occasion de ressentir. Le « pourquoi pas moi » est devenu un « pourquoi moi » auquel je suis bien incapable de répondre ! Pour tout arranger, je me sens comme un enfant qui a tant désiré un jouet contemplé mille fois à la devanture d'un magasin et qui se trouve empoté lorsqu'on le lui met soudainement dans les mains. Les mots se bousculent, s'échappent, se volatilisent. Enfin bref, ce lot inespéré me rend totalement stupide ! Cela fait aussi partie du jeu et je l'assume aussi fièrement que possible... sans pouvoir rien ajouter d'un peu plus sensé.

Pardonnez-moi...

Discours en l'honneur d'une jeune fille couronnée « Reine de beauté »

Vieillir n'est pas toujours une épreuve quand l'âge nous fait témoin d'une naissance comme celle-là. Car l'éclosion de cette jolie jeune fille – et quelle jeune fille ! – contrebalance avantageusement les méfaits du temps qui passe.

Regardez cette demoiselle qui, il y a peu encore, n'était qu'une simple enfant. Le printemps de sa vie est passé par là et nous ne la reconnaissons pas. Toute fraîche sortie de sa chrysalide, elle nous regarde avec des yeux candides. Mais soyons francs : notre étonnement est plus grand que le sien. Choisie parmi bien d'autres candidates qui méritaient toutes de monter sur le podium, elle est encore toute surprise de sa victoire. Elle a raison : si elle savait tous ses mérites, elle aurait moins de charme et moins de grâce ! Regardons-la, car pour elle tout commence. Reine aujourd'hui, que sera-t-elle demain, lorsqu'elle rejoindra toutes les autres prétendantes au trône national, voire international ?

Un long chemin commence, dont elle franchira une à une les étapes, assurée du soutien de nous tous, qui l'avons portée sur la première marche. Et quoi qu'il advienne du concours, elle sait bien que, pour nous, elle demeurera à jamais la plus belle. Parce qu'elle est le fruit de notre terroir et qu'à ce titre elle est un peu la fille de chacun. Qu'elle soit donc notre messagère tranquille et confiante et qu'elle se souvienne à chaque instant de son parcours que l'essentiel n'est pas tant le triomphe, que le bonheur de partager la joie de ceux qui l'aiment et la soutiennent. Rien n'est jamais acquis d'avance, et c'est tant mieux. Sinon, à quoi servirait la volonté farouche d'accomplir son destin ? Allez donc vers l'avenir en toute confiance, sans jamais vous départir de cette surprise qui vous rend si belle. Que cette première place vous serve de tremplin pour des succès plus grands et plus durables encore.

Bonne chance et belle réussite, Mademoiselle.

Discours à un ami à l'occasion de son départ pour le service militaire

Faire son service militaire, c'est comme aller chez le dentiste : on a très mal avant, c'est toujours dur pendant, mais après on se sent merveilleusement bien. .. Voilà donc qui devrait te rassurer à la veille de ton départ. Mais comme tu sembles encore douter de mes affirmations, laisse-moi te donner plusieurs autres arguments.

Et d'abord, celui-là : si tu as été reconnu apte, c'est que tu es en bonne santé, une « qualité » avec laquelle l'Armée ne transige pas. Et qui dit bonne santé, dit capacité à supporter toutes les épreuves exigées par le maniement des armes. L'atout premier d'un bon soldat consiste, en effet, à pouvoir tout supporter : les marches, les entraînements, les guets, les appels nocturnes et les défilés ; bref, tout ce qui demande une résistance hors pair. Tu devrais donc être satisfait – sinon fier – que l'Armée te délivre ainsi un passeport pour l'avenir...

Tu n'es pas encore convaincu du bien-fondé de mes remarques ? Je continue donc. Pour supporter toutes ces épreuves et les inévitables petites vexations qui vont avec, il faut du courage ; courage physique, bien sûr, mais aussi force mentale. Là encore, une reconnaissance d'aptitude au service militaire est source d'orgueil légitime. Pense-donc : quand je me suis présenté au conseil de révision, moi qui suis maigre comme un clou, j'ai dû supporter les railleries du médecin major. Il me regardait d'un petit air ironique et perplexe en me disant : *Que voulez-vous que l'on fasse de ça ; c'est tout mou, tout décharné. Aucune résistance autre que nerveuse à espérer. Or, dans l'Armée, Monsieur, on veut des hommes capables de faire front avec leur corps, pas avec leurs nerfs, sinon on risque de déclencher des dépressions ; et les dépressions, Monsieur, n'ont pas cours chez les militaires.* Tu vois un peu ta chance ? Tu es bâti comme un dieu et tu vas avoir encore l'occasion de te sculpter un corps d'athlète...

Tu es toujours dubitatif ? C'est bien : je poursuis ma leçon. As-tu seulement pensé à l'extraordinaire terrain sociologique que constitue le service ? Certainement pas, sinon tu serais impatient de partir. Où peut-on espérer rencontrer un tel brassage de milieux et d'origines sinon dans le métro parisien ? Nulle part ailleurs, mon vieux et c'est dommage. La société est ainsi faite que l'on ne sort que très rarement de son milieu où l'on finit par prendre des habitudes de pensée. Au service, on ne risque pas ce danger, confronté que l'on est à une faune insoupçonnée. Bonne occasion de s'enrichir de nos différences, comme dit le proverbe. C'est une véritable chance, d'autant que cette expérience sociologique se double immanquablement d'une dimension psychologique. Rien de plus kaléidoscopique que le mélange des personnalités ; tu pourras ainsi observer *in vivo* les réactions de chacun face au groupe et face à la hiérarchie. Parce que le service militaire est comparable à une grande soupière dans laquelle on jette indifféremment les ingrédients d'une recette sans cesse renouvelée ; on met le couvercle et l'on fait monter la pression : impressions garanties... Mais le plus curieux dans tout cela, c'est qu'au terme de l'épreuve, tu nous reviendras avec des étoiles dans les yeux. Les mauvais souvenirs s'estomperont comme par miracle au bénéfice de je ne sais quelle liesse qu'éprouvent tous ceux qui sont allés sous les drapeaux. Il faut vivre cela pour le comprendre ; et peut-être qu'après tout cette année volée à tes vingt ans t'apparaîtra comme un cadeau insoupçonné.

C'est finalement tout le mal que je te souhaite.

Discours d'un appelé du contingent au retour de son service militaire

Il y a dix mois, presque jour pour jour, vous me laissiez entrevoir mille et une horreurs à la veille de mon départ pour le service militaire. Eh bien, désolé de vous contredire si tard, mais vous vous êtes trompés. Cette période ne s'est pas du tout déroulée comme vous l'aviez prévu : elle fut pire ! Bien pire...

J'en ai bavé, vous savez, pendant les huit semaines qu'ont duré mes classes. Le parcours du combattant, les corvées, les expéditions commando et autres gâteries, j'ai tout connu, tout vécu sans le moindre répit. Moi qui fumais beaucoup avant de partir, je ne vous dis pas comment j'ai soufflé... ou plutôt suffoqué ! Les marches nocturnes, sac chargé de cailloux au dos, j'en garde encore le souvenir des contractures et des douleurs aux pieds. Et cette faim tenace, comme chevillée au corps, quelle expérience redoutable quand nous battions la campagne sans aucune provision dans les poches. Bref, j'en passe, histoire de ne pas faire pitié...

J'en reviens cependant à ce que vous me disiez avant mon départ. Eh bien oui, malgré cela, j'ai passé une année formidable. Je me suis fait de nouveaux amis grâce auxquels les épreuves les plus redoutables se sont subitement transformées en jeux. Nous nous sommes ainsi découverts des réserves inépuisables, de celles dont on ne prend conscience qu'au terme des plus grands efforts. J'ai su ce que c'était que le désir de faire front, la volonté d'assumer et de s'assumer ; j'ai connu l'orgueil, peut-être stupide mais si agréable, de rester plusieurs heures debout après plusieurs nuits blanches, au garde-à-vous, les yeux dans les yeux du gradé passant les troupes en revue ; j'ai compris la fierté de compter pleinement sur soi en toutes circonstances et d'accepter de s'en remettre aux autres quand les forces m'avaient totalement abandonné...

Bref, j'ai fait un chemin qui m'a permis de mieux connaître les autres et de mieux me connaître, tout en prenant distance par rapport à bien des détails de mon existence passée. La leçon fut profitable. Comme quoi être bidasse constitue... une deuxième classe !

Discours à un jeune ami venant d'emménager dans sa première chambre

Les discours, c'est toujours un peu rasoir. Je vais donc tenter d'expédier l'affaire au plus vite malgré ma réputation de bavard. Si l'on ne m'interrompt pas, promis, juré, l'épreuve sera tout à fait supportable... En fait, je n'ai qu'une chose importante à dire : entrer pour la première fois dans ses meubles est une chose tout à fait banale..., sauf quand on vit personnellement l'expérience. L'endroit n'est pas royal, le confort mériterait quelques aménagements de première nécessité, mais la vue que l'on a de ces toits justifie pleinement les quelques cent trente marches qu'on doit grimper pour l'atteindre. Bref, la récompense est au bout de l'effort !

Mieux encore : la petitesse de la chambre est inversement proportionnelle à l'ineffable sentiment de liberté que tu dois ressentir en cet instant où, tous réunis, nous occupons pourtant la quasi-totalité de ton espace vital.

Cela me rappelle une belle histoire : il y avait, une fois, en Inde, un homme très pauvre qui vivait avec sa femme et ses six enfants dans une toute petite maison. Au fil des ans, la vie y était devenue quasiment impossible. Ne sachant plus que faire, le brave homme alla prendre conseil auprès d'un sage. Après avoir longuement écouté ses plaintes, ce dernier lui dit : *Fais entrer une vache sacrée dans ta maison et garde-la une semaine.* Le locataire sursauta : *Mais comment faire ? Il n'y a déjà pas assez de place pour les miens. Fais ce que je te dis,* reprit alors le sage, *et viens me revoir au terme du délai que je t'ai prescrit.* L'homme s'en retourna chez lui et respecta scrupuleusement le conseil du sage. Hélas, au bout de quelques jours l'existence lui devint si insupportable qu'il retourna auprès de son interlocuteur. *Maître, lui dit-il, je deviens fou et ma femme également depuis que nous avons accueilli la vache.* Ce à quoi le sage répondit : *Débarrasse-toi de l'animal !...* Autrement dit, patience. Dans quelques heures, nous serons tous partis et tu pourras alors jouir pleinement de l'étendue de ton royaume. Et le plaisir que tu auras sera si vif que tu te souviendras longtemps de mon histoire.

Je lève donc mon verre à ton bonheur tout neuf... en attendant d'inaugurer un appartement plus vaste.

Discours en l'honneur d'un ami qui vient de se marier

Mesdames, Mesdemoiselles, Messieurs, voilà donc le grand jour arrivé. Après des mois de délibérations dont chacun attendait impatiemment l'issue, force est de constater que les deux rejetons que voilà sont parvenus au bout de leur projet... malgré bien des atermoiements sur lesquels il n'y a désormais plus lieu de s'étendre. Ils ont atteint leur but et sont mariés.

La question essentielle qui se pose désormais est la suivante : quels bénéfices vont-ils retirer de ce nouvel état ? En d'autres termes : qu'est-ce qui va changer fondamentalement dans leur vie ? Mystère. Personne n'est en mesure de leur apporter le moindre petit bout de commencement de réponse. Eux non plus, d'ailleurs. Demandez-leur et vous verrez qu'ils sont aussi démunis que nous. Pétris de ce genre de certitude dont sont faits les rêves, ils n'hésiteraient pas à nous dessiner un avenir idyllique, comme on en voit dans les romans les plus beaux... et dans les récits les plus mièvres ! C'est qu'ils sont jeunes, bien jeunes, ces tourtereaux, et que la frontière entre le réel et l'illusion est on ne peut plus ténue. Heureusement pour eux, ils sont beaux, intelligents et bourrés de talent. Bref, ils ont de la ressource. Il faudrait donc qu'ils soient diablement vicieux pour pervertir leurs chances et nous rendre aussi malheureux qu'ils pourraient l'être s'il advenait que... Mais je m'égare. De vice, ils n'en ont point, trop occupés à rayonner sans compter à la dépense. Ils sont ici et sont ailleurs en même temps : ah, le beau miracle de l'ubiquité engendré par l'amour ! Leurs yeux pétillent et mettent le feu aux poudres : qui donc oserait parler de chaînes en ce grand jour ? A deux, l'avenir est un parcours ludique, un tremplin permanent vers des aurores faites pour y mordre ! A deux, le désir n'est plus égoïste et ce qu'il sème, jour après jour, s'appelle le bonheur. Alors, soyez fertiles ! Et nous, heureux témoins, nous serons là, demain comme aujourd'hui, comblés en recueillant les miettes de votre joie. Vous nous devez cet engagement tout autant qu'à vous-mêmes..., sinon nous n'aurions pas eu à cœur de vous accompagner en cet instant où tout finit et tout commence...

Un mot encore : pourquoi m'écoutez-vous quand l'heure est à la danse ?

Discours en l'honneur d'un couple venant d'emménager dans son premier appartement

Vous voilà donc enfin chez vous. Je dis enfin, car chacun sait combien sont longs les jours et lentes les heures qui séparent le moment où l'on décide de construire son nid et celui où l'on réalise son rêve.

Eh bien, vous y voilà... et nous avec, puisque vous avez eu la gentillesse de nous associer à votre joie. Nous ne ferons pas de commentaire sur le lieu lui-même, sinon pour dire qu'il vous ressemble déjà. C'est dire que vous avez fait un choix judicieux en élisant ces murs et que vous avez su, de surcroît, imprimer votre patte à l'espace. Prenez cette double remarque comme un compliment : rares sont, en effet, les maisons qui ont une âme. Reste maintenant à patiner cet ensemble qui respire le neuf : les rideaux sont bien droits, les moquettes impeccables ; tout brille, tout est beau ; il manque seulement la trace de vos pas et tous ces petits riens, témoins muets mais ô combien éloquents de votre existence. Rassurez-vous toutefois : dans peu de temps, cet intérieur portera les marques discrètes de vos habitudes ; l'air même se vêtira des parfums mélangés de vos habits et de vos mets. Bref, je vous le dis, cette maison tiendra toutes ses promesses. Et si elle vieillit, ce sera pour son bien, car les souvenirs meublent aussi les pièces d'une façon qui n'est peut-être pas aussi abstraite qu'on le croit.

J'espère donc que nous aurons l'occasion d'y revenir souvent, pour apprécier chaque fois un peu plus le moelleux des fauteuils et goûter encore mieux l'accueil chaleureux de ses habitants. Et participer par nos cadeaux à son ameublement.

Discours d'un hôte ayant réuni ses amis à l'occasion d'un bal masqué

Quelques mots, chers amis, pour vous remercier d'avoir répondu présent à cette fête et applaudir la façon dont vous vous êtes déguisés. Conformément à mes vœux, vous vous êtes si merveilleusement grimés et j'ai, pour ma part, bien du mal à vous reconnaître. J'espère que le mystère est aussi tenace pour chacun de vous, car le but du jeu est la surprise. Quelle surprise ? Eh bien, voilà. J'ai eu envie de rassembler toutes celles et tous ceux qui ont compté pour moi depuis ma plus tendre enfance. C'est dire qu'il y a ici des membres de ma famille, des amis et quelques connaissances que les hasards de la vie ne m'ont pas toujours permis de fréquenter comme je l'aurais désiré.

Certains d'entre vous ont eu l'occasion de se croiser à plusieurs reprises ; d'autres ne se sont jamais vus. D'autres enfin se connaissent mais se sont perdus de vue depuis bien longtemps. Maintenant que vous savez cela, n'ôtez surtout pas vos masques. Continuez à danser et à deviser en essayant de deviner qui vous êtes. Profitez du suspense pendant une heure encore. A minuit, c'est promis, on se dévoilera... J'ose espérer que cette idée vous amuse et que vous ne m'en voudrez pas de ne pas vous avoir prévenus à l'avance. Je terminerai, enfin, en souhaitant que ce bal soit le berceau d'amitiés nouvelles qui, sans lui, n'auraient jamais vu le jour.

Les masques sont paradoxalement propices aux plus sérieux échanges, aux plus profondes découvertes. Mais, de cela, je ne puis décider à votre place.

Discours en l'honneur d'un couple d'amis recevant dans leur maison provençale

Du soleil, du vert, des tuiles et des cigales : voilà ce que nous emporterons de notre séjour idyllique entre vos murs, sages amis qui avez choisi non pas de vous expatrier loin de la ville... mais de prendre racine dans une région qui, de toute évidence, était faite pour vous.

Jamais nous ne vous avions vus si heureux, si rayonnants, si bien vous-mêmes dans ce décor auquel vous avez apporté votre griffe. Car cette colline serait moins belle sans votre maison ; et votre maison moins agréable sans vous. Ouverte au soleil mais jalouse de ses ombres, elle vous ressemble plus que vous ne le pensez. Accueillante à ses hôtes, elle est mieux qu'un abri, plus chaleureuse qu'un havre : un lieu de vie au charme duquel on succombe instantanément et que l'on a d'avance peine à quitter un jour. Nous sommes cependant heureux de partir, parce que nous savons que la porte qui se fermera sur notre dos sera tout aussi prompte à s'ouvrir dès que l'idée nous viendra d'y frapper à nouveau. Cela adoucit grandement l'épreuve de la séparation d'autant que nous partons avec de très beaux souvenirs, vous laissant le soin de poursuivre l'œuvre paisible de vos jours. Demain, après-demain, dans plus ou moins longtemps, nous aurons ainsi le privilège de découvrir toutes les surprises survenues en notre absence. Merci de votre accueil et des promesses implicites qu'il suppose pour l'avenir.

Venez quand vous voulez chez nous... à charge de revanche.

Discours à un groupe d'amis à la fin des vacances

Voici venue notre dernière soirée ensemble.

Bonne occasion pour vous dire combien ma femme et moi-même avons été heureux de faire votre connaissance et de partager ces instants privilégiés, en marge de toutes obligations. En venant ici, nous ne nous doutions pas que l'on rencontrerait autant de gens sympathiques grâce à qui nos vacances seraient d'autant plus réussies.

Le hasard a donc bien fait les choses, même s'il nous laisse aujourd'hui un petit goût amer dans le cœur. Pensez donc : chacun va repartir chez soi et nous n'aurons guère l'occasion de nous retrouver avant longtemps. Est-ce à dire que nous ne nous reverrons pas ? Loin de nous cette idée, mais nos contraintes familiales, professionnelles et, disons-le, financières, ne nous donneront pas le loisir de voyager aussi souvent que nous le désirerons. C'est pourquoi je tiens à souligner qu'il ne faudra pas nous en vouloir si nous restons chacun de notre côté. Mais éloignement ne veut pas dire oubli ; bien au contraire... Il nous reste heureusement les photographies prises tout au long de notre séjour. Dès qu'elles seront développées, nous les ferons parvenir aux uns et aux autres, charge revenant à chacun de nous imiter. Ces clichés mettront, à coup sûr, un peu de soleil dans notre prochain hiver. De toute manière, sachez que si vos déplacements vous amènent à passer près de chez nous, vous êtes cordialement invités à passer nous voir. Le gîte et le couvert vous seront assurés à n'importe quelle période de l'année !

C'est ainsi, en toute simplicité, que nous vous invitons quand bon vous semblera. Et puis, l'été à venir nous donnera peut-être l'occasion de nous revoir ici ou, qui sait, de nous retrouver dans un autre lieu choisi en commun, histoire de revigorer nos si bons souvenirs... et d'en ajouter de nouveaux. Bonne route à vous, bonne rentrée et merci encore pour tous ces bons moments passés ensemble.

Discours pour fêter la guérison d'un ami

Si l'on t'avait dit, il y a quelques mois, que tu serais le héros de la fête, tu ne l'aurais pas cru. Mais nous voilà pourtant réunis tous ensemble pour fêter ta guérison. Finis les mauvais souvenirs, oubliées les angoisses, balayées les nuits blanches : place à la vie dans tout ce qu'elle a de plus agréable et de plus insignifiant. Si tu savais comme nous sommes heureux de ton appétit, de ta soif, de ta gourmandise, heureux de voir que toutes ces petites joies de la vie quotidienne te sont enfin redevenues familières. Et plus encore du sourire qui flotte sur tes lèvres depuis l'instant où tu es venu partager ce dîner impromptu que nous avions secrètement préparé de longue date. Car durant toutes ces semaines de souffrance et de désespoir, nous étions convaincus que tu t'en sortirais et que le jour viendrait où tout recommencerait comme avant. Mieux qu'avant... Ce jour est arrivé, Dieu merci, et nous ne sommes pas peu fiers d'avoir eu si farouchement confiance. On te connaît, tu sais, bien mieux que tu ne le penses, et l'on savait que, tôt ou tard, tu sortirais vainqueur de cette épreuve. Merci de nous donner raison...

Je pourrais stopper là mon discours, mais ce serait faire insulte à ta vigueur retrouvée. Tel que tu es parti, tu pourrais supporter des heures de parlote. Mais rassure-toi, je n'abuserai pas pour autant de ta patience. Un homme fort a d'autres urgences que de perdre son temps en vaines paroles. Place à l'action : bravo pour ta santé et remplissons une nouvelle fois nos verres. C'est encore ce que nous avons de mieux à faire.

Discours en l'honneur d'une personne qui s'est soumise avec succès à un régime amaigrissant

Se battre contre soi-même constitue l'une des épreuves les plus grisantes et les plus redoutables qui soient.

Impossible, en effet, de s'oublier un instant dans ce genre d'entreprise et, partant, de prendre du recul par rapport au but que l'on s'est fixé comme dans n'importe quelle autre aventure. Ici, pas de répit. Or, c'est paradoxalement la rigueur incessante que requiert un tel pari qui en fait tout le prix. Nulle autre expérience n'est aussi enivrante, pour peu que l'on se donne les moyens de la mener à son terme. Encore faut-il y mettre toute la force de son désir et de sa volonté. Pour vous, qui vous êtes astreint jour après jour à maigrir, le désir n'était pas tant égoïste, voire narcissique, même si vous considériez à juste titre qu'un poids plus conforme à votre stature ne pouvait être que favorable à votre santé. L'enjeu était autrement important puisqu'il s'agissait, pour vous, de vous libérer d'un excédent qui vous condamnait à la marginalité et, partant, de vous sentir de nouveau en harmonie avec vous-même et avec les autres. Ce double respect est d'ailleurs bien conforme à votre personnalité, dont la délicatesse n'est plus à démontrer. Se satisfaire d'un embonpoint anormal quand on peut y remédier constitue, pour vous, une complaisance inacceptable. C'est sans doute pourquoi vous êtes parvenu aussi vite et aussi bien au résultat que nous constatons aujourd'hui.

Bien des gens devraient prendre exemple sur vous : en dépit des efforts que réclame une telle diète, ils seraient plus heureux et plus fiers, deux sentiments qui suscitent incontestablement la sympathie. Bravo donc pour votre courage et votre persévérance.

Discours en l'honneur d'une personne ayant cessé de fumer

Les paroles sont comme les cigarettes : elles s'envolent en fumée. Là s'arrête cependant la comparaison, car les traces que laissera mon petit discours seront, je l'espère, plus agréables que celles de votre vilain tabac. Ou, à défaut, moins nocives... Vous êtes donc parvenu à cesser de fumer. Venant de vous, une telle réussite tient du miracle, parce que vous n'étiez pas un fumeur d'occasion.

De votre propre aveu, vous étiez « accro » depuis le tout début de votre adolescence. Il vous a donc fallu déployer toute l'énergie de votre volonté pour briser là une habitude très ancienne. C'est méritoire..., que dis-je méritoire : admirable même quand on sait que cet effort quotidien n'a nullement altéré votre humeur pendant toute la durée de ce qu'il faut bien appeler votre désintoxication. Je me doute pourtant que la tâche n'a pas dû être aisée, et que vous avez très certainement dû dépenser autant de forces pour vaincre votre désir de fumer que pour surmonter vos coups de fatigue et votre agressivité à l'égard de votre entourage. Nous avons été sensibles à cette attention et applaudissons tous à cette preuve de respect et de courage qui vous permet de vivre mieux et nous vaut un air plus... respirable. Ce que la SEITA et le fisc perdront en bénéfices, les jeunes qui vous entourent le gagneront en exemple ; car il n'est pas si courant qu'un fumeur aille au bout de sa décision en en assumant aussi fermement les épreuves. Cet aspect de la question vous a sans doute échappé jusque-là ; il est pourtant loin d'être négligeable.

Voilà donc une nouvelle raison de vous réjouir de votre succès dont nous savons qu'il est acquis de façon durable.

Discours à l'attention des membres d'une association de boulistes

Qui oserait dire que les vieux ne sont pas sportifs ? Quand nous avons créé ce club bouliste, il y a juste un an, nous n'étions qu'une poignée. Et regardez combien nous sommes désormais : trente-cinq ! Cela veut dire qu'en douze mois, vingt-sept nouveaux joueurs ont pris leur inscription... sans autre publicité que celle du bouche à oreille ! Un succès qui, à mon avis, tient en trois mots : plaisir et bonne humeur.

De fait, nous formons une bande de joyeux drilles et j'en connais plus d'un qui a renoncé à partir en week-end pour ne pas rater l'opportunité d'un concours ou d'une partie. Mais ce qui me rend peut-être encore plus heureux, au terme de cette première année d'activité officielle, c'est de constater que les jeunes ne nous ont pas boudés. Bien au contraire, même, puisque près de la moitié des nouveaux adhérents ont moins de quarante ans... et que le benjamin en a tout juste vingt. C'est dire que notre compagnie ne doit pas être désagréable en dépit de notre âge, et que les boules ne sont pas réservées aux retraités comme de mauvaises langues cherchent à le faire croire.

De fait, il faut une certaine résistance pour supporter des parties qui durent parfois plus d'une heure, avec revanche et belle si nécessaire. Et je ne parle pas des week-ends-concours durant lesquels nous passons deux journées entières sur le terrain, en plein soleil ou en plein vent. Ceux qui débutent le savent bien, qui vont discrètement s'asseoir lors des premières rencontres, alors que les « papies » que nous sommes demeurent hardiment debout du début à la fin ! Comme quoi l'entraînement paie...

Mais tout cela ne doit pas nous faire oublier l'essentiel, à savoir qu'il faut fêter joyeusement cette année fructueuse en amitiés nouvelles... Buvons donc à cette année passée et levons nos verres en l'honneur de l'année nouvelle.

Discours de réception d'un responsable de camp de jeunes

Bonjour à tous et bienvenue dans ce camp de vacances où je vous souhaite de passer le plus beau des séjours. Le soleil est déjà de la partie ; votre bonne humeur fera le reste... même si, ce soir, votre long voyage semble vous avoir coupé la voix.

Qu'à cela ne tienne : une bonne nuit de sommeil vous rendra toute votre énergie.

Mais avant de vous laisser aller dormir, un conseil : ouvrez grand les oreilles et les yeux ; regardez la nature qui nous entoure, écoutez tous ces bruits qui se fondent dans un parfait silence ; et respirez cet air léger tout pétri d'arômes.

Demain, vous serez déjà trop occupés pour apprécier pleinement ces détails : vous en jouirez sans même vous en rendre compte. Car beaucoup d'activités vous attendent : des randonnées, des jeux, des concours, des visites, des échappées-découvertes... et des soirées autour du feu qu'il vous reviendra d'animer. Tout cela constitue un beau programme auquel il importe que chacun participe en fonction de ses goûts et de ses compétences. Les trois semaines que vous passerez ensemble seront ce que vous voudrez qu'elles soient : un moment de bonheur et de partage. A vous d'en faire aussi l'un des plus beaux souvenirs.

J'arrête là mon trop long discours pour vous laisser gagner vos tentes. Bonne nuit à tous et rendez-vous... à l'aube !

Discours de clôture d'un camp de jeunes

Au moment où votre séjour s'achève, vous serez sans doute curieux de savoir comment nous, responsable et animateurs, avons vécu ces trois semaines ; et comment nous vous avons trouvés. Eh bien, la réponse pourrait tenir en un seul mot : bravo ! Bravo pour la cohésion du groupe qui s'est instaurée dès les premiers jours, malgré quelques petites dissensions dont l'un d'entre vous porte d'ailleurs encore les marques. Mais à ce coquard près, tout a « baigné dans l'huile », comme vous dites. Chacun a fait l'effort de s'adapter aux autres sans pour autant renier sa personnalité. Ce qui nous vaut l'honneur de décerner des palmes aux plus méritants :

– premier prix de paresse à Michel qui a su éviter les corvées avec une constance exemplaire... et chapeau à ceux qui l'ont remplacé sans grogne excessive ;

– premier prix de courage à Benoît qui a su entraîner le groupe dans les moments de grande lassitude et le soutenir de toute la force de son enthousiasme les jours de mauvais temps ;

– premier prix de gaieté à Mathieu dont le stock inépuisable d'histoires drôles et de gags ont beaucoup fait pour la réussite des soirées ;

– premier prix de décoration à Philippe qui, en véritable artiste, a su agrémenter joliment le camp de sculptures végétales pour le moins originales ;

– premier prix de cuisine à Joël qui s'est révélé un véritable maître-queue lors des concours de cuisine ;

– premier prix de grogne à Bernard qui, semblable au Schtroumpf râleur, nous a bien amusés avec ses coups de gueule express ;

– premier prix d'endurance à François qui, nous pouvons l'avouer maintenant, nous a laissés plus d'une fois au bord de l'épuisement ;

– premier prix de débrouillardise à Jean-Paul dont les talents nous ont été bien utiles pour résoudre les petites difficultés de la vie quotidienne ;

– et premier prix de musique à Alain dont les chants nous ont accompagnés à toutes les heures du jour... et parfois même de la nuit !

Bref, chacun s'est exprimé tel qu'en lui-même dans ce groupe qui a fonctionné comme une formidable équipe. Cela fait chaud au cœur, même si cela rend la séparation moins facile. Mais un petit pincement vaut mieux qu'un grand « ouf » de soulagement.

Merci à tous et souvenez-vous que c'est avec de telles émotions qu'on fait les plus beaux souvenirs.

Discours en l'honneur du président de conseil syndical d'un immeuble

Toujours prompts à se plaindre, les gens sont beaucoup moins enclins à manifester leur contentement. Est-ce à dire qu'il est plus important de vilipender les erreurs que d'applaudir aux réussites ? Pour ma part, je considère cette attitude trop restrictive et pense qu'il faut, au contraire, rééquilibrer les plateaux de la balance en étant aussi intransigeant dans l'un et l'autre cas... sous peine de privilégier le seul sentiment de révolte. Et qui dit révolte, dit animosité, reproche et agressivité. Bref, un état de guerre permanent dont seuls les mauvais coucheurs peuvent se satisfaire.

Tout cela pour dire que l'ensemble des copropriétaires de notre immeuble s'accorde pour reconnaître la qualité de votre gestion. Depuis que vous avez été élu[e] à la tête du conseil syndical, nous n'avons, en effet, qu'à nous louer de votre travail. Et quel travail, quand on sait que vous intervenez sans cesse pour le bien de cette maison. Attentif[ve] et serviable, vous n'avez pas votre pareil pour surveiller l'immeuble de la cave au grenier, définir et accélérer la réalisation des travaux d'entretien – que vous avez préalablement négociés au meilleur rapport qualité-prix – et constater la validité des interventions.

A cela, il convient d'ajouter votre rôle de diplomate, puisque c'est en homme [ou femme] averti[e] que vous faites la liaison entre les copropriétaires et le syndic, permettant ainsi d'éviter les frictions qui, sans vous, risqueraient de naître.

Est-il enfin besoin d'ajouter que vous assumez l'ensemble de ces lourdes tâches de façon tout à fait gratuite, ce qui laisse à penser que votre bénévolat ressemble à s'y méprendre à un apostolat ? Non, non : ne protestez pas, s'il vous plaît. On ne récolte jamais que ce que l'on sème... Cela vous gêne ? Eh bien, plaignez-vous à qui de droit puisque vous êtes seul[e] responsable de cette sympathie et de ce franc succès... Vous ne nous ferez pas taire pour autant.

Dans ces conditions, il ne vous reste plus qu'à accepter ce bouquet d'éloges amplement mérité et à poursuivre votre œuvre comme nous avons l'honneur de vous le demander.

Discours prononcé lors d'une réunion destinée à l'élaboration d'un texte de pétition (nuisances sonores, par exemple)

Si l'union fait la force, comme l'affirme le proverbe, alors nous sommes en bonne voie de réussir notre projet. Car vous vous êtes déplacés nombreux – bien plus nombreux que nous n'osions l'espérer – pour cette réunion au cours de laquelle nous allons rédiger le texte de notre pétition. Un texte que nous vous demanderons de signer et de faire signer autour de vous, avant de l'adresser aux autorités compétentes.

Mais nous n'en sommes pas encore là.

Pour l'heure, nous allons porter à votre connaissance la première mouture du texte à partir de laquelle nous pourrons entamer la discussion. Mais attention : ce travail, qui prend en compte l'ensemble des plaintes émises par les habitants du quartier quant aux nuisances sonores engendrées par l'activité de la société X (citer ici le nom de l'entreprise), ne constitue qu'une ébauche modulable à volonté. Il s'agit, en effet, d'une base de réflexion destinée à nous faire gagner du temps et à échanger nos idées... la rédaction définitive devant bien évidemment obtenir l'aval de tous les signataires.

Il est donc important que chacun s'exprime librement sur le sujet et apporte sa contribution à ce débat de la qualité duquel dépendra la force de notre pétition. Plus nous serons solidaires, mieux nous pourrons faire valoir nos droits. En faisant bloc, nous parviendrons à obtenir réparation.

Merci de votre attention et de votre rigueur. Voici maintenant l'esquisse de la pétition.

Discours en l'honneur d'un président de société de pêche à l'occasion de l'inauguration officielle d'un étang

Le voilà enfin, ce bel étang dont on parlait depuis si longtemps. Rien ne paraissait pourtant plus simple que de creuser un trou et d'y jeter de l'eau dedans. Mais c'était sans compter avec les mille et une tracasseries administratives et financières rencontrées par le président de notre association de pêche.

Beaucoup d'entre vous n'ont pas su, en effet, quels efforts il a dû déployer pour trouver le terrain, l'acquérir et obtenir les autorisations nécessaires à son exploitation en toute sécurité. Maintenant, c'est chose faite et nous allons enfin pouvoir pêcher, même en été, quand les eaux des rivières locales font défaut. Mieux encore : cet étang constitue un atout non négligeable dans le développement du tourisme local, puisque plusieurs associations voisines se sont montrées très intéressées par l'utilisation de notre plan d'eau. Est-il besoin d'ajouter que cette ouverture plus large réduira d'autant les cotisations que nous aurons à verser jusqu'à l'échéance des emprunts ?

Bref, le plaisir est désormais à portée de canne et nous ne saurions trop remercier notre président qui s'est transformé pour l'occasion en financier, architecte et diplomate. Trois casquettes qui, vous en conviendrez, le rendent d'autant plus honorable et justifient pleinement le fait que nous l'ayons choisi pour prendre en charge la destinée de notre association. Je propose donc que nous lui laissions l'honneur du premier lancer, de la première mouche et de la première prise.

Discours prononcé par un conseiller municipal lors de l'inauguration d'une piscine

Regardez bien cette petite merveille : avez-vous jamais vu une telle eau bleue ? On dirait que le ciel est venu se creuser un nid au bord de la forêt ! Regardez bien, vous dis-je, car vous n'êtes pas près de revoir un tel spectacle.

Pourquoi ?

Parce que sitôt le cordon officiel coupé, jeunes et moins jeunes plongeront tête la première dans cet océan exotique. Fini, alors, le miroir lisse de la surface, oubliée la translucidité des profondeurs : tout ne sera plus qu'ondes, remous, écume et bouillonnement. Banni aussi le silence à peine troublé par le champ des oiseaux : place aux rires et aux cris joyeux des baigneurs...

Pour les plus audacieux, nous avons installé une série de trois plongeoirs, dont l'un avec tremplin, qui permettront de s'initier aux figures en vol. Et pour les enfants, un grand toboggan qui tombe dans le petit bain.

Comble de luxe et de confort, la grande toile qui recouvre la piscine a été conçue pour se relever aux beaux jours. Le soleil pourra donc entrer à flot (si j'ose dire) dans ce bassin des délices pour lequel nous avons déjà enregistré plus d'une centaine d'abonnements. C'est dire que cette piscine vient à point pour satisfaire une demande des plus pressantes.

Prenez donc soin de ce magnifique joujou que votre désir a fait naître. Il vous appartient.

Discours en l'honneur des artistes d'un salon local

La culture, c'est la création. Et qui dit création, dit enthousiasme, invention, travail et passion. Quatre qualités que l'on perçoit de façon sensible dans l'ensemble des œuvres exposées ici, quand bien même on ne partage pas tous les choix esthétiques qui s'y manifestent. Tant mieux, d'ailleurs ! Car rien ne serait plus triste que de succomber aux charmes de chaque toile, de chaque sculpture. Mieux vaut être étonné, heurté, choqué même par des réalisations qui posent question que de ronronner dans le cocon douillet de nos certitudes. Sans cela, pas d'évolution possible.

Or, le but d'un salon tel que celui-ci est bien de susciter des échanges, des contradictions et des dialogues grâce auxquels chacun, artiste ou spectateur, peut s'arracher à sa vision forcément limitée du monde. En entrouvrant la porte sur des conceptions nouvelles, nous nous donnons les moyens de nous enrichir et, partant, de dépasser nos limites. Le chemin, je le reconnais, n'est pas toujours aisé : il demande autant d'attention que de curiosité, et beaucoup d'humilité. Mais si l'on s'astreint à cet effort, quelle récompense ! Faites l'expérience et vous verrez combien vous ferez de découvertes, quelles idées insoupçonnables s'empareront de vous, quelles émotions inconnues vous feront chavirer... Ne vous contentez pas d'un plaisir immédiat ; ne vous soumettez pas à une répulsion spontanée : dépassez le premier abord, toujours limitatif et parfois même un peu trompeur.

Creusez, approfondissez et ne faites surtout pas de complexe : il n'y a aucune honte à aimer ou ne pas aimer. Les artistes ne vous en tiendront d'ailleurs pas rigueur. Inversement, ne leur en voulez pas si certains d'entre eux ne vous offrent pas les représentations qui vous touchent. La liberté doit être de mise. Ce qui me rappelle une parole fort appropriée de mon grand-père, dont le bon sens ne s'embarrassait pas de considérations intellectuelles : *A chacun son mauvais goût !* disait-il. Je crois qu'il avait parfaitement raison.

Discours prononcé lors de l'inauguration d'une bibliothèque publique

« Le progrès ne vaut que s'il est partagé par tous », affirme la publicité d'une grande société nationale. On pourrait reprendre aujourd'hui le slogan en y changeant quelques mots, et dire : La culture ne vaut que si elle est partagée par le plus grand nombre.

C'est désormais chose faite grâce à la création de cette toute nouvelle bibliothèque dont le but est d'enrichir et de distraire. Pas question, en effet, de limiter son fonds aux seuls ouvrages de science et de réflexions fondamentales. Comme vous pourrez le constater dans un instant, le catalogue a été conçu dans une optique beaucoup plus large, tant il est vrai que tous les genres d'écrits méritent l'attention. Encyclopédies, romans, biographies, essais, dictionnaires voisinent ainsi avec des ouvrages plus légers où l'illustration tient une place première. Art et bandes dessinées se côtoient ainsi, sans vergogne, sur les rayonnages, compte non tenu d'un secteur presse-actualité qui rassemble la plupart des grands journaux, revues et magazines spécialisés susceptibles de satisfaire la curiosité de chacun.

J'ajouterai, en outre, que les bibliothécaires ont d'ores et déjà prévu un cycle d'animations extrêmement variées qui comprendront des lectures pour les enfants, des rencontres avec des écrivains et de nombreuses soirées-conférences propices à toutes les découvertes.

Nul doute que vous serez sensibles à cette richesse et à cet enthousiasme que je vous conseille vivement d'éprouver, jour après jour, au fil des recherches que vous ne manquerez pas de faire.

Bonne lecture à tous.

Discours d'un père en l'honneur de son fils venant de réussir un examen de fin d'études

C'est drôle, tu sais, de te regarder et de se dire : *Eh bien voilà, ça y est, il a obtenu ce pourquoi il a tant travaillé*, quand rien n'est perceptible sauf, peut-être, cette joie dans ton regard fatigué. Car pour bûcher, tu as bûché, mon vieux ; nous sommes là pour en témoigner. Mais quelle récompense et quel bonheur ! Cela méritait bien une petite fête, histoire de faire la pause avant de te lancer dans une autre aventure, professionnelle cette fois.

Le diplôme n'est qu'un passeport ouvrant la porte sur un avenir qu'on te souhaite le meilleur possible.

Lance-toi, n'hésite pas puisque tu as la chance et les moyens de faire ce que tu as toujours désiré faire. Et si tu rencontres des difficultés, nous serons toujours là pour t'aider à les surmonter... Ce petit discours doit te paraître un peu naïf, un tantinet *rétro* comme on dit maintenant, mais nous sommes si heureux, tu sais, et si fiers, qu'on ne voudrait pas que quelques malheureux obstacles puissent t'arrêter... même si ce genre de perspective paraît hautement improbable.

Mais que veux-tu : les parents sont ainsi faits qu'ils gardent toujours un fond d'inquiétude à l'égard de leur progéniture, quand bien même les événements leur prouvent qu'il n'y a aucun souci à se faire. Pour les enfants, c'est un défaut ; pour eux, c'est une qualité...

Enfin bref, fais ton trou, va ton chemin, construis ta vie et ton métier.

Prouve-nous encore cent fois que l'on a tort de se ronger...

Et merci d'être ce que tu es.

Discours en l'honneur d'un garçon (ou d'une jeune fille) fêtant son dix-huitième anniversaire

La loi fixe la majorité à l'âge de dix-huit ans. Bon anniversaire, donc, et bienvenue au club des grands, puisque tu es maintenant responsable de tes actes. En cadeau, voici une liberté toute neuve qu'il te revient d'éprouver... même si tu restes encore longtemps sous notre toit. Fais-en bon usage !

Mais foin de moralisme ; place à la joie. Petit garçon [petite fille], tu es devenu[e] homme [femme]. Un bel homme [une belle femme], qui plus est, que nous ne sommes pas peu fiers d'avoir conduit[e] jusqu'à cette porte qui s'ouvre aujourd'hui sur l'avenir. Ta vie est comme une grande page blanche à remplir avec les mots que tu voudras. Ne fais pas trop confiance aux hasards, mais ne les néglige pas. Croque à pleines dents ces jours qui s'offrent, jours de soleil et jours de pluie, qu'importe : expérimente, construis, va de l'avant. Deviens ce que tu as décidé d'être, sans jamais faire de concessions à la fatigue ou à la lassitude. Et comme ton appétit est sûrement insatiable, vise haut, très haut : mieux vaut rater les dernières marches plutôt que de se contenter des premières. Tu as des rêves ? Vis-les. Des illusions ? Le temps se chargera de les effacer : ne te laisse pas détruire pour autant. Passe outre le découragement. Goûte chaque heure, savoure les plus belles, ignore les plus difficiles. Et donne un maximum de toi. Contrairement à ce que l'on croit, on s'enrichit non pas en serrant les poings mais en ouvrant les doigts. Ne crains pas que l'on t'abuse ou que l'on se serve de toi. Tout cela n'est jamais qu'accidents de parcours. Si tu as mal, dis-le à ton miroir, mais si tu es heureux[se], que l'autre soit ton confident.

Alors, je te le dis, le monde sera à toi.

Discours d'un père en l'honneur de sa fille ayant obtenu le permis de conduire

Conduire, c'est bien. Bien conduire, c'est mieux. Et bien se conduire, c'est encore mieux !

Maintenant que tu as obtenu ton permis, tu vas pouvoir aller où bon te semble quand tu le désireras... à condition, bien sûr, d'acheter une automobile. Tu es jeune et tu n'as pas encore les moyens ? Ce n'est pas un problème : en attendant, je te prêterai la mienne aussi souvent que nécessaire. Dans la journée, tu n'en as pas besoin et, le soir, je ne m'en sers pour ainsi dire pas ! Pour le week-end, on s'arrangera.

Je voudrais dire combien je suis fier, oui, vraiment fier de toi, parce qu'il n'est pas facile d'obtenir son permis dès la première fois. Tu peux te vanter, ma grande, de faire partie de cette catégorie restreinte de conducteurs émérites ; mais un conseil : ne t'en vante pas trop devant les garçons, sous peine de blesser leur orgueil !

Garde ton succès pour toi...

Une chose encore : chaque société possède ses rites de passage entre l'enfance et l'âge adulte. Chez nous, à dix-huit ans, on devient responsable. Mais cela n'est d'aucun avantage si l'on ne se donne pas simultanément les moyens d'être autonome. L'obtention du permis de conduire te conduit sur cette voie. Tu as conquis ta liberté de déplacement : gagne maintenant ta liberté totale. Et fais-en bon usage !

Discours en l'honneur d'une jeune fille à l'occasion de sa première soirée dansante

Vous allez peut-être trouver un peu vieux jeu que des parents prennent la parole avant que ne commence véritablement cette soirée, mais vous nous le pardonnerez j'espère. Ce n'est pas en effet tous les jours que l'on ouvre le bal avec sa fille... surtout quand c'est le premier. Oh, je sais, on ne dit plus bal aujourd'hui, mais qu'importe.

Nous avons tous dans le cœur un reste de nostalgie à l'égard des traditions anciennes, qui voulaient que la jeune femme s'élance sous les lustres de la fête à l'heure de son entrée dans le monde. Alors, je vous prie : oublions un moment que nous sommes au XXe siècle ; retrouvons les frissons d'hier et les impatiences d'autrefois. Faites cercle autour de la salle et laissez-vous porter par les premières notes de musique qui, dans un instant, se substitueront avantageusement à ma grosse voix. Ne faites pas attention à la lourdeur de mes pas ; j'ai une excuse, d'ailleurs : la danse n'a jamais fait partie de mon programme d'éducation. Qu'à cela ne tienne : je frétille d'avance à l'idée de jeter ma fille dans la valse – car c'est une valse, bien sûr, qui ouvrira le bal. Et si les halogènes ont remplacé les lustres à bougies, le résultat sera le même. Les têtes vont tourner, les robes s'envoler et le champagne fera le reste. Vous verrez donc que rien n'a véritablement changé et que ma petite intervention n'a, finalement, rien que de très moderne.

Place au sourire, place à la danse et place à la jeunesse. Musique, s'il vous plaît ! Et que la nuit dure longtemps...

Discours en l'honneur de deux jeunes fiancés

Si l'on ne vous connaissait pas tous les deux, on pourrait s'interroger sur les raisons qui vous ont poussés à vous fiancer. Parce qu'enfin, entre nous, ce genre de fête est de plus en plus rare ; et, si l'on en croit la rumeur, réservée aux esprits les plus conservateurs... ou à ceux qui prennent un malin plaisir à jouer les originaux. Mais rien de tout cela, en fait ; avec vous, les choses sont plus simples et plus saines : vous vous aimez et vous avez conjointement décidé de profiter de toutes les occasions qui vous sont données pour clamer haut et fort votre bonheur. Le mariage ne vous suffisait manifestement pas ; alors, hop, vous avez sans complexe exploité la richesse des traditions pour vous donner un avant-goût d'épousailles.

Vous vous êtes fait plaisir. C'est bien, très bien, d'autant plus que vous nous avez conviés comme témoins à cette fête dont la sincérité fait tout le prix. Dans notre siècle individualiste où chacun s'isole dans son petit monde, votre exception fait tache et nous redonne le goût de la convivialité.

Famille, amis et proches, tous ceux qui vous sont chers et que vous avez rassemblés aujourd'hui, doivent donc vous remercier pour cette idée et pour ce geste. Car rien n'est plus généreux que d'associer celles et ceux que l'on aime à son propre bonheur. En partageant ainsi le début de votre belle histoire, vous faites vibrer en nous une corde délicieuse... qui nous rend impatients d'assister à votre mariage.

L'avenir est rose. Buvons aux lendemains prometteurs.

Discours en l'honneur d'un jeune couple à l'occasion de la naissance de leur premier enfant

Le bébé étant remis de sa surprise d'être venu au monde, la maman se portant bien et le père assumant courageusement ses nuits blanches, l'heure est venue de se réjouir ensemble de la naissance de ... (citer, ici, le prénom du bambin).

Le voilà donc ce petit monstre qui occupait déjà une si grande place alors même qu'il n'était qu'une ébauche ! Regardez-le, si petit et si sage, mais omniprésent dans cette maison ou mille objets signalent sa présence. Il n'est pas jusqu'à cette odeur caractéristique des produits de soins qui ne rappelle sans cesse que oui, cette fois c'est sûr, le tant attendu est bien là, en chair et en os. Une petite merveille d'autant plus merveilleuse qu'elle fait de vous, heureux parents, une famille à part entière.

Vous me trouverez peut-être naïf si je vous dis que chaque naissance me procure immanquablement la même impression de miracle ? Peu importe : je persiste et je signe. L'arrivée d'un enfant est toujours bouleversante, parce que l'amour ne trouvera jamais incarnation plus évidente et plus parfaite. Quoi d'étonnant à cela quand on sait que ce petit être reflète tout ce que vous fûtes, tout ce que vous êtes et tout ce que vous serez ; il porte en lui tout un pan de votre passé commun, témoigne de votre bonheur présent et anticipe sur l'avenir que vous partagerez ensemble. Tout à vous et déjà autonome, il est le réceptacle privilégié de vos espoirs et de votre générosité ; bref, de toutes ces belles choses qui fondent et légitiment l'existence.

Un mot encore pour dire que nous accueillons, nous aussi, ce petit bout de chou avec émotion et tendresse, bien que nous n'en soyons pas directement les géniteurs : à défaut de liens du sang, nous nous contenterons des liens du cœur... sans rien vous ôter pour autant de l'affection que nous vous portons, et que vous savez immense.

Discours à l'occasion du baptême d'un petit enfant

En tant que chrétiens, vous avez légitimement décidé de faire baptiser votre enfant ; et vous avez tenu à être entourés de tous ceux que vous aimez et qui vous aiment à cette occasion. Car vous savez que, par-delà les croyances de chacun, l'amour qui préside à la fête constitue un élan des plus rassembleurs. Ceux qui partagent vos convictions y verront incontestablement la grâce de Dieu ; les autres apprécieront votre geste de partage dans le respect de leurs opinions. Impossible, en effet, de ne pas savourer cette « communion », dans le sens symbolique et littéral du terme, qui nous vaut d'être rassemblés autour de ce petit enfant dont le regard lumineux reflète l'assemblée tout entière. Et quand je dis assistance, ce n'est pas un vain mot : votre joie est si grande qu'il fallait bien une poignée d'amis pour vous aider à la supporter... Ce qui se joue en cet instant tient, en effet, de l'essentiel : c'est l'épanouissement concret et manifeste de la vie dans ce qu'elle a de plus beau et de plus prometteur.

Le rite lui-même en souligne l'enjeu ; par l'eau et par le sel, le petit d'homme scelle son union avec la terre nourricière tout en devenant source de son propre dépassement par l'alliance qu'il noue avec Dieu. Et si d'aucuns songent qu'il ne fait que s'inscrire dans une communauté qui le reconnaît et l'accueille, qu'importe : n'est-ce finalement pas là une autre façon de « comprendre » le sens intime de cette cérémonie du baptême qui traduit la confiance que nous mettons tous dans l'avenir et dans l'amour ?

Discours à l'occasion du baptême d'un adulte (ou d'une conversion à une religion)

Choisir, c'est élire. Cette maxime, applicable à toutes les grandes orientations de l'existence, vous la faites vôtre aujourd'hui pour expliquer l'engagement spirituel qui constitue une étape essentielle de votre vie. Par cette cérémonie du baptême, vous parvenez, en effet, au terme d'une quête intime et souterraine qui donne un sens nouveau à votre parcours. Mais loin de constituer une fin en soi, cette fête marque, pour vous, le commencement d'une autre aventure.

Votre engagement implique, en effet, un élan vers l'avenir dont ce baptême [ou cette conversion] constitue le tremplin. Fort de vos convictions, toute liberté vous est désormais donnée de bâtir, avec tout ce que cela signifie d'enthousiasme, de persévérance et de passion. Pour vous, l'horizon n'est plus cette ligne vagabonde qui échappe à la main qui se tend, mais bien un but tangible qui légitime vos efforts actuels et justifiera vos actions de demain. Cette exigence paisible, dont vous avez fait le pivot de votre vie, ne sera peut-être pas toujours très confortable, tant il est vrai que les écueils sont nombreux dès lors qu'on se lance dans une aussi vaste entreprise ; mais vous savez que l'on n'obtient jamais rien sans rien et que les acquis ont d'autant plus de valeur qu'on les conquiert de haute lutte. Vous êtes donc comme un artiste à qui ne manquent ni le talent ni l'inspiration, mais dont l'œuvre demande un investissement de tous les instants. Certaines heures seront douces, d'autres seront plus rudes, mais toutes seront belles, car riches d'une indéfectible conviction.

A vous d'enraciner chaque jour un peu plus la croyance qui vous a mené où vous êtes et que vous affichez aujourd'hui avec tant de bonheur... Parce que la foi est un arbre qui grandit ou qui meurt, et que vous avez manifestement choisi de la fortifier, jusqu'à ce qu'elle donne une moisson de fruits. Bonne route à vous sur le chemin du bonheur.

Discours en l'honneur de parents d'une famille nombreuse

Vivre, c'est créer. Pour votre part, vous avez choisi de fonder une vaste famille... à moins que vous ne vous soyez laissés guider par le hasard !

Peu importe cependant, puisque seul le résultat compte. Et si j'emploie le verbe compter, c'est à dessein, car vous n'aurez bientôt plus assez de doigts pour dénombrer toutes celles et tous ceux qui font partie de votre descendance. Tant mieux : les chiffres sont bons pour les mathématiques, pas pour les choses du cœur...

Mieux que quiconque, vous avez remarqué combien le cœur est élastique, justement ; on s'aime, on se marie, on a quelques enfants, on croit que la famille est au complet et qu'il ne sera plus possible de puiser de l'affection pour quelqu'un d'autre. Et puis, hop, un joyeux bambin pointe le bout de son nez et l'on se retrouve aussi ému et aussi disponible que la première fois. C'est que l'amour se nourrit de l'amour, sans souci d'économie. Plus encore : il s'enrichit à proportion directe de la dépense ! Voilà une belle évidence dont pourraient s'inspirer les banquiers et autres manipulateurs d'espèces sonnantes et trébuchantes.

Nul doute qu'ainsi le monde irait mieux. Ne rêvons pas cependant ; l'utopie n'est pas fille de la réalité, même si elle trouve naturellement sa place dans la famille en général, et dans la vôtre en particulier. Sans cet élan de foi et de confiance en l'avenir, rien ne serait concevable... et l'on passerait à côté de très belles histoires.

De grandes aventures dont on ne peut connaître la valeur intime qu'en en faisant quotidiennement l'expérience, en dépit des difficultés passagères et autres accidents de parcours. Mais les écueils n'ont jamais empêché les marins de prendre la mer ; et l'on peut légitimement songer que plus on a de bras, mieux on fait front aux tempêtes et mieux l'on s'accommode des calmes plats...

Hardi donc : votre navire est fait pour découvrir des mondes !

Discours à l'occasion du départ d'un jeune couple à l'étranger

En quelques générations, le monde est devenu... la banlieue de l'Europe. Cela explique pourquoi vous trouvez si naturel d'aller vous installer à l'étranger, quand nous pensons encore qu'il s'agit d'un véritable exil. De notre temps, si j'ose dire – même s'il ne s'agit que de quelques dizaines d'années –, on ne s'expatriait que pour le temps d'un stage d'un ou deux mois, voire d'une année ; mais il ne nous serait pas venu à l'idée de faire carrière au-delà de nos frontières... sauf à être engagé par une entreprise dont l'activité impliquait une présence obligatoire dans un pays lointain, comme l'industrie pétrolière, par exemple. Encore les possibilités étaient-elles peu fréquentes.

Mais aujourd'hui, développement des échanges internationaux et multiplication des technologies en matière de transports obligent, tout a changé : le monde s'est rétréci, en quelque sorte ; on s'y promène en trois coups d'ailes et les modes de vie se sont uniformisés. Bref : partir travailler pour longtemps en Asie ou en Amérique n'est plus une réelle aventure, mais une opportunité ! Tant et si bien que ceux qui restent dans l'hexagone finissent par passer pour des travailleurs d'un autre âge ! Des adeptes du « cocooning » comme on dit maintenant...

Ne vous occupez donc pas de ce que peuvent penser et dire des vieux comme nous : suivez vos désirs, vivez votre vie, partez au bout du monde ; et quand vous reviendrez, la tête pleine de souvenirs et d'expériences, vous nous raconterez ce qui se passe, là-bas, de l'autre côté de l'horizon. Et vous nous apprendrez à nous mettre au diapason... Votre chance deviendra aussi la nôtre.

Bon voyage et pensez à nous écrire, si vous en avez le temps.

Discours prononcé à l'occasion de la nouvelle année

Les traditions n'ont d'autre valeur que celle qu'on leur accorde. Aussi ne devrait-on en respecter les rites que pour autant que l'on souscrive au sens intime qui est le leur.

Les vœux, par exemple, font partie de ces belles coutumes qui permettent de dire, une fois l'an, tout le bien qu'on souhaite à ceux que l'on estime. Foin donc des usages et de l'hypocrisie qui les entoure ; place aux paroles simples et vraies qui n'auraient jamais dû être dévoyées par une utilisation trompeuse. Réinventons les mots et la cérémonie qui les entoure : bonne année, mille bonheurs et cent mille sourires pour ce proche avenir que nous vous espérons radieux, en dépit de toute sagesse.

Que vos heures soient de joie et que l'amour les illumine ; conservez, fortifiez même cette belle santé qui nous rend aussi heureux que vous ; et continuez d'être ce que vous êtes pour le plaisir de ceux qui vous entourent...

Voilà. C'est tout ce que je désirais vous dire. Cela peut paraître un peu court, un peu naïf et un peu gauche, mais la sincérité ne s'embarrasse pas d'effets de style. Peu importe d'ailleurs les phrases qui la portent : l'essentiel n'est pas là et vous le savez bien.

Emplissons donc du mieux possible notre existence, pour faire don de notre mémoire à notre tour et permettre à nos enfants de grandir à l'ombre d'une famille et d'une lignée.

Discours d'un jeune enfant à l'occasion de la fête des Mères

Maman est une femme chouette, très chouette. Ce qui ne veut pas dire que Papa est un hibou ! Elle est toujours là quand il faut... et même parfois quand il ne faudrait pas. Quand je fais des bêtises par exemple ! Mais ça ne fait rien, parce qu'on s'aime très fort malgré tout. Alors je suis très heureux de te souhaiter ta fête et de t'offrir ce petit cadeau que j'ai fabriqué tout seul, en pensant fort à toi. J'espère qu'il te fera plaisir. Bonne fête, Maman.

Discours d'un adolescent à l'occasion de la fête des Mères

Les femmes ont bien de la chance lorsqu'elles sont mères... parce qu'elles bénéficient de deux fêtes par an ! Mais la plus belle des deux est celle que nous célébrons aujourd'hui, parce qu'elle me permet de saluer simultanément la dame et la maman. Et qu'elle me permet de te dire *merci* et *je t'aime*, sans fard et sans pudeur.

Tu sais, la vie ne nous laisse pas toujours le temps de nous poser ni d'exprimer ce que l'on ressent profondément. Alors, bienvenue à cette fête des Mères qui me permet de sortir de ma réserve. Adieu les petits accrochages quotidiens, oubliées les grandes querelles qui ponctuent immanquablement la vie de tous les jours : place au sourire et à la joie, et vive l'essentiel. En prime, voici un petit quelque chose pour marquer le coup, histoire de laisser une trace concrète de cet instant d'émotion vraie.

Et comme aucune fête ne se déroule jamais sans musique, laisse-moi faire chanter un baiser à ta joue.

Discours d'un jeune enfant à l'occasion de la fête des Pères

Mon cher Papa, je suis heureux de te souhaiter une bonne fête parce que tu es très gentil avec moi, sauf quand tu me grondes. Je t'ai fait un dessin avec les crayons de couleurs que le Père Noël m'a apportés. Seulement, tu sais, j'en ai perdu quelques-uns ; alors je n'ai pas pu faire les arbres en vert. Mais ça n'a pas d'importance puisque je t'ai prévenu. J'espère que tu seras content et je t'embrasse très fort.

Discours d'un adolescent à l'occasion de la fête des Pères

Heureusement qu'il y a une fête des Pères ! Cela me permet de dire tout haut ce que je pense tout bas... Enfin, de te laisser entrevoir toute l'affection que je te porte. Car la pudeur, entre hommes, fait toujours obstacle. Alors, je prends sur moi aujourd'hui pour sacrifier à la tradition et t'offrir ce petit cadeau symbolique qui sera bien plus éloquent que moi.

Discours en l'honneur d'un couple fêtant ses noces d'or

De quoi est fait le bonheur ? D'une somme de petits riens qui, mis bout à bout, ressemblent étrangement à un miracle. Tel est le sentiment que nous inspire votre existence commune dont nous fêtons aujourd'hui le jubilé.

Mais que dire de vous, si parfaitement unis, que l'on vous croirait pour un peu sans histoire ? Que votre histoire, justement, c'est cela : d'être deux pour faire un le plus parfaitement ; de vous être, jour après jour, appuyés l'un contre l'autre, d'avoir pesé l'un sur l'autre comme ces pierres des édifices du Moyen Age qui n'avaient besoin d'aucun ciment pour se confondre l'une à l'autre avec le temps ; d'être parvenus, comme insensiblement, à faire presque oublier cette ligne de jointure où l'un finit et où commence l'autre, sans renoncer pourtant à être différents.

Il y a du mystère dans cette osmose, quelque chose de fragile et de grand. Et le contraste est aussi étonnant à comparer la passion manifeste qui vous anime à cette aura de tendresse paisible dont on éprouve les bienfaits en votre présence. Oh, je sais : vous allez dire que l'on idéalise. Eh bien, non ; pas du tout. Ce que l'on est vraiment, ce sont les autres qui le savent parce qu'ils sont les seuls à nous percevoir globalement. Alors, pensez donc, pas question de vous croire si vous nous dites que nous rêvons. Et si vous désiriez encore nous faire douter de nos certitudes, en révélant par exemple des petites disputes ou en levant le voile sur des orages violents, nous vous dirions que vous êtes semblables à un fleuve dont les eaux s'égarent parfois en méandres, mais qui n'en suit pas moins sa pente avec plus ou moins de courant. Un courant qui vous mène aujourd'hui à ce delta superbe dont les multiples branches nous enveloppent de la fraîcheur et de la beauté de leurs eaux ; des eaux resplendissantes sous la lumière de cette fête qui, une fois passée, laissera subsister la clarté plus intime et plus profonde de votre exemple, comme une lueur phosphorescente.

Discours d'un couple à qui l'on vient de fêter ses noces d'or

Comment prendre la parole après un aussi beau discours ? Nous en sommes tout émus... et flattés en même temps. C'est dire que la tâche ne va pas être facile pour exprimer le trouble bienheureux que vous avez suscité. Il me semble donc que le plus simple sera de parler d'amour.

Nous en avons vécu depuis cinquante années et nous constatons que ce bonheur tranquille, que l'on croyait bien à l'abri des regards étrangers, est en fait entré dans la vie de chacun, et que notre petite mais très belle histoire est devenue l'affaire de tous. Cela nous gêne et nous enchante, parce qu'il y a toujours quelque pudeur à être ainsi mis en vedette ; mais votre témoignage nous va droit au cœur et constitue, pour nous, le plus beaux des cadeaux. Un cadeau que nous n'osons toutefois revendiquer à part entière, car nous ne le méritons pas. Non, non, pas de protestations, s'il vous plaît... Je vais vous expliquer le fond de notre pensée.

Qu'avons-nous fait pour mériter une telle sympathie et une telle reconnaissance ? Rien, ma foi, ou pas grand-chose, sinon vivre au quotidien dans l'unité la plus parfaite. Cela tient du miracle, direz-vous ? Alors, c'est à notre corps défendant. Je vous le jure, jamais nous n'avons eu l'impression de mener une existence exceptionnelle. Ce que nous avons fait, tout le monde peut le faire... à condition de le vouloir vraiment. Cette notion de volonté peut vous paraître bizarre dans une histoire d'amour ; à nos yeux, elle est pourtant essentielle. Parce que les jours recèlent mille pièges, mille lassitudes, mille sujets de dispute.

N'allez surtout pas croire qu'un mariage comme le nôtre fut toujours sans risque. Nous avons connu nos épreuves, nos moments de faiblesse et autres tentations ; mais cela n'était rien face au désir sans cesse renouvelé de construire et construire encore ensemble, pour tisser sans cesse des liens plus profonds. Ce qui nous vaut aujourd'hui de vous faire en quelque sorte la morale... comme si nous connaissions les règles du bonheur. Si tel était le cas, notre discours aurait sans doute été plus brillant ! Nous préférons néanmoins qu'il soit plus gauche, mais plus sincère... et surtout inspiré par de vrais sentiments.

Foin des idées et place au cœur, donc. Grâce à cette jolie fête, notre amour prend une dimension et un sens nouveaux. Que pouvions-nous rêver de mieux en cette date anniversaire ?

Discours en l'honneur d'un ou d'une centenaire

La jeunesse est une question d'esprit qui n'a que faire du temps qui passe. Voilà, en quelques mots, l'impression que vous nous faites en ce jour anniversaire des plus symboliques où, fait paradoxal, c'est vous qui nous offrez le plus beau cadeau. Votre regard, votre sourire, votre présence constituent, en effet, la preuve que la vie est une aventure extraordinaire pour peu qu'on s'y adonne avec passion.

Compte tenu de la morosité ambiante, cette attitude est, vous en conviendrez, un magnifique exemple. Car, loin de vous abandonner à une nostalgie sans borne, loin de vous cloîtrer dans un passé révolu, vous vous intéressez à tout ce qui se passe autour de vous ; le monde, les autres, rien ne vous est indifférent, rien ne vous est étranger. Mieux encore : vous tenez à vous inscrire tout entier [ou tout entière] dans cet instant qui bouge, prodiguant réflexions et conseils à qui veut vous entendre... preuve que l'amour, l'intelligence et la curiosité font partie de vos qualités premières ; et que le plaisir et la passion sont toujours au centre de vos préoccupations, en dépit des mille et une petites tracasseries de la vie quotidienne.

Mais vous êtes fort [ou forte] et ne vous laissez pas abattre. Comme vous avez raison ! Le mot plainte ne fait pas partie de votre vocabulaire, vous qui avez toujours su réserver les larmes aux événements de réelle importance. Et si l'existence ne vous a pas toujours été clémente, c'est sans animosité et sans regret que vous en avez toujours dépassé les obstacles. Sans doute est-ce là le secret fondamental de votre longévité et de votre bonheur : car l'on voit bien que la flamme de l'enthousiasme brille au fond de votre œil ; une vraie flamme chaude et rougeoyante qui nous réchauffe le cœur.

Mémoire vivante, témoin de notre histoire, vous êtes, pour nous, un grand-père [ou une grand-mère] universel et irremplaçable. Merci d'être ce que vous êtes et de nous faire profiter de votre joie, de vos rêves et votre sagesse. Vous ne saurez sans doute jamais à quel point nous en avons besoin.

Discours d'une famille d'accueil en l'honneur d'un (ou d'une) étudiant(e) étranger(e)

Cher[e] ami[e], bonjour.

Bienvenue en France et bienvenue chez nous. Je sais que vous parlez encore mal notre langue, mais vous la connaissez suffisamment pour comprendre le sens de ces quelques paroles. Si je me suis permis de vous dire « cher[e] ami[e] », c'est que le monde n'a désormais plus de frontières. On se ressemble de plus en plus, sans pour autant renier tout ce qui fonde la culture originale de nos deux pays. Votre présence ici le prouve, vous qui avez choisi non pas de vous expatrier, mais plus modestement de voyager. Un seul coup d'aile aura suffi pour abolir les kilomètres, faisant de Paris la banlieue de votre ville (citer ici le nom de la ville dont le nouvel arrivant est originaire) et réciproquement. Ce qui ne vous empêchera pourtant pas d'être dépaysé. Heureusement d'ailleurs : toute confrontation à des mœurs différentes est propice à l'échange et à l'enrichissement. Grâce à vous, nous allons donc pouvoir aussi voyager... en découvrant tout ce qui fait nos différences.

Est-il besoin de dire que nous sommes à votre entière disposition pour vous aider durant votre séjour, mais que nous n'empiéterons pas sur votre liberté pour autant. En fait, nous ne désirons qu'une chose : que vous vous sentiez à l'aise au sein de votre famille d'accueil pendant toute la durée de votre séjour...

Avant de vous laisser aller vous reposer dans votre chambre, permettez-moi de vous donner copie de ce petit discours que vous aurez peut-être à cœur de traduire tout à l'heure. Je n'ai, en effet, pas choisi la facilité et bien des mots, bien des tournures vous aurons sans doute échappé. Quoi qu'il en soit, vous comprendrez alors que c'est par pur respect et sincère amitié que nous ne vous avons pas accueilli avec des mots stéréotypés.

Discours à l'occasion de l'enterrement d'un enfant

Scandale, horreur et désespoir : aucun mot n'est assez fort pour désigner l'innommable... de même qu'aucune parole n'est assez forte pour l'adoucir un tant soit peu. Et pourtant... pourtant, il faut quand même dire et se dire que l'immense catastrophe à laquelle nous sommes confrontés doit obéir à quelque loi qui nous dépasse. Ecrasés, démunis, impuissants, nous n'avons d'autre recours que de céder à la révolte... avant de nous soumettre sans plus chercher à comprendre.

Le grand mystère ne s'explique pas !

Heureux alors ceux qui peuvent s'en remettre à leurs croyances...

Quoi qu'il en soit des convictions de chacun, l'amour et l'affection sont notre seule richesse, notre seule arme contre le naufrage. Serrons les dents, prenons-nous la main, mêlons nos larmes sans honte et sans pudeur ; faisons front au silence terrible qui s'abat sur nous et nous isole, et marchons. Allons ensemble vers cet horizon lointain où soleil et sourire font partie du quotidien. Soyons comme ces arbres qui se nouent sur eux-mêmes pour grandir malgré la force destructrice des éléments. Restons debout par la grâce des autres, puisque seuls nous ne pouvons rien... Et vivons tous, je vous en supplie, pour témoigner de cet amour qui ouvrait grandes les portes de l'avenir... de ce même amour qui nous permet, aujourd'hui, de ne pas succomber à notre terrible blessure.

Ne baissons pas les bras.

Ne renions pas les élans sur lesquels nous avons fondé notre existence.

N'abandonnons surtout pas.

Discours à l'occasion de l'enterrement d'un malade décédé des suites d'une grave affection

Notre fils, notre ami, notre frère s'est éteint après de longs mois de souffrance, mais nous ne devons pas être trop tristes cependant. Parce qu'il vaut mieux qu'il ait quitté cette terre, tant sa vie était devenue une épreuve permanente.

Courageux au-delà de toutes limites, il avait fait front jusque dans les instants les plus intolérables, mais la maladie était devenue trop forte. Il savait, depuis peu, que tout espoir était perdu. A quoi bon, dans ces conditions, faire durer le martyre ?

C'est donc en toute connaissance de cause qu'il s'est soumis, qu'il a abandonné le combat, estimant à juste titre qu'il avait fait tout ce qui était en son pouvoir. Les médecins, sa famille, ses amis ont respecté son choix et je sais qu'il leur en sut gré. *C'est, me disait-il, la plus belle façon qu'ils ont de m'aimer*.

Cette parole exemplaire, je vous la livre aujourd'hui en témoignage de son affection, afin que vous vous unissiez pour conserver de lui l'image qu'il voulait que l'on garde : celle d'un homme vrai et droit pour qui l'existence ne fut qu'un long partage. Ne lui faisons donc pas l'affront de notre peine et bénissons la chance que nous avons eue de le rencontrer.

Discours à l'occasion de l'enterrement d'un homme (ou d'une femme) décédé(e) des suites d'un accident de la route

Il y a des hasards effroyables. Le drame qui nous vaut d'être réunis ici en fait malheureusement partie. Que faire ? Rien. Que dire, sinon qu'il ne faut pas chercher à comprendre et surtout éviter de penser que les circonstances auraient pu être différentes. Toutes ces hypothèses aiguiseraient encore notre souffrance. Non, il vaut vraiment mieux serrer les poings et ne laisser de place qu'au souvenir de l'homme [ou de la femme] qui emporte avec lui[elle] toute notre affection. Je suis d'ailleurs sûr que chacun a en mémoire une image joyeuse, un instant préservé de la peine où il [elle] nous est rendu[e] tel qu'en lui-même[elle-même].

Pour ma part, je me souviens d'un dîner au cours duquel il[elle] m'avait fait part de sa philosophie : *On n'échappe pas à son destin, me confiait-il [elle]alors d'un ton paisible. Tiens, par exemple, dis-moi ce que tu ferais si tu avais un chat : l'enfermerais-tu jour et nuit de manière à le conserver longtemps ? Ou bien le laisserais-tu filer la nuit vers quelques amours magnifiques ?* Il[elle] ne m'avait pas laissé le temps de répondre, disant : *Pour moi, le choix ne se pose pas. Il faut vivre selon son tempérament. Le chat se fait écraser ? Basta : il sera mort en plein élan. Cela vaut mieux pour lui que d'avoir vécu toute sa vie en cage.* Je lui fis cependant remarquer qu'il y avait une grande différence entre un homme et un chat. *En quoi ?* me répondit-il[elle]...

Vous comprendrez que si je rappelle aujourd'hui cette petite anecdote, c'est pour dire que je crois qu'il[elle] a fait le bon choix, même s'il[elle] a payé très cher sa passion de la vie. Et je suis sûr que son vœu le plus fort serait de nous voir, nous aussi, solidement accrochés à tous les bonheurs de l'existence. Rendons-lui donc cet hommage, quand bien même nous n'en avons maintenant pas le cœur.

Discours prononcé à l'occasion de l'enterrement d'une personne âgée

La vie est ainsi faite qu'elle nous rend sans cesse plus exigeants... surtout à l'égard de ceux que l'on aime.

Plus nos proches vieillissent, plus on forme des vœux pour les garder longtemps. Ce désir et cet amour sont, hélas, de bien peu de poids par rapport aux lois naturelles ! Mais les plus à plaindre sont sans doute ceux qui restent. Combien de vieillards m'ont, en effet, ému par leur acceptation et leur sagesse, tandis que nous nous révoltons en mêlant nos larmes d'orphelins. C'est que nous sommes peut-être un peu trop égoïstes à ne pas concevoir notre avenir sans nos grands-parents. Ils ont rempli leur existence quand nous en sommes encore à faire des choix ; ils mettent leur vie en bouquet, quand nous nous épuisons en semailles : ce n'est pas, là, la même mesure.

Il faut donc être indulgent.

Indulgent pour les années qui pèsent à leurs épaules, indulgent pour les petites misères et grandes souffrances qui les accompagnent et indulgent pour le temps qui fait son office...

Même si une telle attitude est contraire à nos désirs les plus intimes. Il nous reste alors à vivre pleinement notre vie, pour parvenir, un jour, à satisfaire la curiosité de nos descendants, comme nos aînés nous ont ravis en contant leur histoire : notre récit sera d'autant plus riche que nous mêlerons nos souvenirs à ceux que nous aurons reçus en héritage. Et ce legs, qui nous fait tant pleurer aujourd'hui, nous apparaîtra bientôt pour ce qu'il est : un splendide cadeau que nous aurons le bonheur et la responsabilité de faire vivre jour après jour.

Discours en l'honneur d'un salarié méritant, distingué par l'attribution de la médaille du Travail

Le travail fait l'homme. Cette vérité, aussi ancienne que le monde, est plus que jamais d'actualité... même si les bénéfices financiers semblent prendre aujourd'hui le pas sur ceux du travail. Que l'on ne s'y trompe pas cependant : l'avenir ne supportera pas longtemps une telle aberration, car la machine économique est avant tout fondée sur la création de richesses. Et qui dit création, dit esprit d'entreprise avec tout ce que cela suppose d'implication physique et intellectuelle.

Les tours de passe-passe des apprentis-sorciers de la finance se révéleront alors pour ce qu'ils sont : d'astucieuses constructions abstraites qui, loin de favoriser le développement du commerce, finiront par ruiner toute possibilité d'expansion. On se rendra alors compte que le travail, vertu première de l'organisation sociale, est bien la valeur clé du système ; et que, sans lui, le monde court à sa perte.

Autant de raisons pour lesquelles nous nous félicitons de la distinction qui vient de vous être attribuée.

Contrairement aux apparences, la médaille du Travail est, en effet, l'une des plus nobles et des plus honorables distinctions qui soient, puisqu'elle souligne avec éclat le sens et la valeur de votre implication professionnelle : l'engagement de toute une vie qui se singularise par son sérieux, sa constance et sa recherche permanente d'excellence, comme on dit actuellement.

Cet orgueil du métier est un acte moral qui justifie pleinement l'honneur qui vous est fait, sans préjuger de sa valeur d'exemple.

Puissent les jeunes générations prendre toute la mesure d'un tel témoignage.

Discours en l'honneur d'un ouvrier ayant conçu une innovation d'importance

Connaissance théorique et savoir pratique sont deux choses totalement distinctes dont l'une ne va pourtant pas sans l'autre.

De fait, combien d'inventions, géniales sur le papier, se sont révélées désastreuses à l'heure de l'expérimentation. Et à l'inverse, combien de trouvailles, astucieuses en apparence, ont été contredites par des études poussées. Tout cela pour dire que le travail des ingénieurs n'est rien sans celui des ouvriers et réciproquement. La preuve en est faite une nouvelle fois aujourd'hui avec Monsieur X, dont l'observation et l'imagination ont donné naissance à une pièce à laquelle personne n'avait pensé. Détail, direz-vous ? Peut-être, mais détail d'importance, car cette innovation subtile présente deux avantages majeurs : le premier est de perfectionner une machine déjà très performante, mais qui le devient encore plus ; le second est d'abaisser les coûts de production, ce qui, vu la concurrence acharnée dans laquelle nous nous trouvons, constitue un atout non négligeable.

L'œil exercé de l'ouvrier, son art et son expérience ont donc enrichi le travail des concepteurs, lesquels, loin de se formaliser d'une telle création, se sont empressés de l'inclure dans le système global pour en tester la validité. Non pas qu'ils aient douté de cette invention mais, rigueur industrielle oblige, ils devaient effectuer toutes les mesures induites par l'irruption de ce paramètre nouveau.

Le résultat, vous le connaissez, puisque nous sommes là pour rendre hommage à Monsieur X, dont la contribution constitue tout à la fois une réussite et un exemple. Nous ne saurions donc trop insister sur le fait que chacun est invité à partager ses réflexions sur son travail, une erreur valant mieux qu'une possibilité gâchée.

Discours à un patron le jour anniversaire de la création de son entreprise

Fêter la bonne santé d'une entreprise dans le contexte économique actuel constitue un événement assez rare pour l'apprécier à sa juste mesure. Encore n'est-ce là que le premier pas d'une démarche qui doit aussi – et surtout – inclure le responsable de la société, sans la vigilance duquel nous n'aurions très certainement pas eu l'occasion de souffler des bougies...

D'aucuns songeront peut-être que ces festivités relèvent de la courtisanerie, sous prétexte qu'il est utopique de mêler le monde des affaires à celui de la reconnaissance. Eh bien, je le dis tout net : ces gens-là ont tort. Parce qu'il n'est nullement question de flatterie, ici, mais bien de constat, dans le sens le plus objectif du terme. En applaudissant votre gestion, Monsieur le Directeur, c'est votre qualité professionnelle que nous soulignons. Parce que nous sommes incontestablement les mieux placés pour « juger » de la pertinence de votre politique pour le maintien et la conquête des marchés. Une fois encore, je le répète, il ne s'agit nullement de faire état d'un quelconque élan de paternalisme à votre égard, mais de regarder la réalité en face : ce que vous avez fait jusqu'ici à la tête de la société nous semble parfaitement adapté aux contraintes commerciales, votre souplesse et votre inventivité achevant de justifier l'ensemble de vos stratégies.

C'est sans doute pourquoi nous nous impliquons tous avec conscience et volonté dans ce combat quotidien que constitue aujourd'hui la vie d'une entreprise, de manière à renforcer les acquis tout en préparant l'avenir. Nul ne contestera d'ailleurs que cette réussite durement gagnée bénéficie à tous, tant sur le plan de la satisfaction professionnelle que sur celui des avantages financiers. La réputation que nous avons ainsi acquise dans notre secteur constitue la meilleure assurance de longévité ; une longévité qui, nous le savons tous, force l'admiration de nos collègues extérieurs quand elle ne suscite pas une certaine jalousie.

Poursuivons donc sur ces bases sans pour autant nous reposer sur les acquis. Allons fièrement de l'avant et donnons-nous les moyens de dépasser encore nos objectifs, ne serait-ce que pour satisfaire un peu plus l'orgueil professionnel qui nous anime...

Et rendez-vous pour un prochain anniversaire encore plus grand.

Discours en l'honneur d'une employée modèle partant à la retraite

Désolé, chère collègue, mais vous ne partirez pas à la retraite sans subir un petit discours. Modeste comme vous l'êtes, ce qui nous est un plaisir va sans doute vous paraître une épreuve. Ce qui n'est pas un mal, car vous aurez ainsi moins de regrets de nous quitter !

Et si cet honneur écorche encore trop votre humilité, ne nous en faites pas reproche : vous seule êtes responsable de ce besoin que nous éprouvons à vous rendre hommage. Incompétente ou malhonnête, vous n'auriez pas fait long feu dans la société ; indolente et sans réelles capacités, vous vous seriez attirée les foudres de vos collègues qui, soit dit en passant, auraient tout fait pour vous renvoyer à vos responsabilités ; orgueilleuse et individualiste, vous auriez été tout bonnement détestée. Or, vous êtes le contraire de tout cela avec, en prime, une amabilité à nulle autre pareille. Tous ceux qui ont travaillé avec vous peuvent en témoigner. Et quelle professionnelle !

Je me souviens pour ma part de vos premières fonctions. Le poste était modeste mais, très vite, vous avez gravi les échelons pour occuper finalement ce poste de confiance que beaucoup vous auraient envié si vous n'aviez pas été ce que vous êtes. Quelques collègues intéressés, qui n'ont pas fait long feu dans le service, ont alors cru pouvoir tirer avantage de votre position du seul fait de la sympathie paisible de vos rapports. C'était mal vous connaître, faire bien peu cas de votre conscience professionnelle... et ignorer que l'intrigue ne faisait pas partie de vos habitudes.

Tout ceci explique pourquoi, fait rarissime, vous avez fait carrière dans cette seule entreprise. Dans l'économie troublée que nous connaissons, votre exemple constitue une véritable prouesse que les jeunes apprécieront à sa juste valeur. Il ne nous reste plus qu'à vous souhaiter une retraite aussi longue et aussi heureuse que le temps que vous avez passé parmi nous, en espérant que notre cadeau d'amitié vous rappellera le bonheur que nous avons eu à travailler ensemble ; et à vous assurer de notre gratitude et de notre plus sincère sympathie.

Réponse d'une salariée au discours prononcé à l'occasion de son départ à la retraite

Je suis profondément outrée par votre attitude à tous. Pensez donc : moi qui espérais pudeur, réserve et discrétion à la veille de mon départ à la retraite, voilà que je me retrouve propulsée sur un piédestal dont je dois dire qu'il ne me convient pas... parce que je ne le mérite pas ! De plus, je suis sujette au vertige.

Dans ces conditions, vous comprendrez que je ne puis souscrire à vos éloges, même si... même si je suis profondément touchée par vos preuves d'amitié. Cessons donc de fuir ; je rends les armes et baisse le masque qui ne parvient pas à dissimuler mon émotion. Voyez : vous me faites pleurer, mais c'est bon. J'étais loin de penser, en effet, que ma petite personne tenait une si grande place dans la société... et dans vos cœurs.

A l'heure où se termine ma vie professionnelle, ces marques de chaleur me sont d'un extraordinaire secours. Car elles viennent à point pour m'aider à changer d'existence : une situation pas si confortable que pourraient le laisser croire les apparences, même si je ne suis pas mécontente de pouvoir enfin me consacrer tout entière à moi. Il n'empêche : l'atmosphère de ces bureaux me manquera, car j'ai toujours éprouvé un réel plaisir à travailler avec et parmi vous...

Mais suis-je bête : ainsi vont les choses. A quoi bon céder à la nostalgie. Vos témoignages et votre beau cadeau me permettront de passer ce cap. Je vous en remercie du fond du cœur.

Un mot encore pour ne pas achever sur une note grave : je reviendrai vous voir de temps en temps pour prendre le pouls de votre activité.

Bonne continuation à tous et merci encore.

Discours d'un salarié quittant son entreprise suite à la suppression de son poste

Si je vous ai invités à ce petit pot, chers collègues, c'est pour vous annoncer une nouvelle que certains d'entre vous connaissent déjà, mais qui ont eu la pudeur de ne pas la dévoiler, ce dont je les remercie.

Eh bien, voilà : je quitte la société dès ce soir pour rejoindre une autre entreprise, la plus grande de France... à savoir l'ANPE, puisque la restructuration récente de notre société s'est notamment traduite par la suppression pure et simple de mon poste. A cette heure, je ne suis plus un salarié mais déjà un demandeur d'emploi.

Je pars donc sans avoir à effectuer de préavis, ce qui me donne la perspective de quelques semaines de vacances. Je ne sais pas si j'aurai le loisir de les apprécier du fait des circonstances, mais bon, faisons contre mauvaise fortune bon cœur. Dans l'immédiat, ma position n'est pas si inconfortable. On verra bien dans quelques mois. En attendant, c'est peut-être vous qui êtes les plus à plaindre : la rigueur du plan budgétaire assorti de plusieurs suppressions de postes va immanquablement se traduire par un surcroît de travail et de tension dans tous les services. Ceux qui partent ne seront pas remplacés et chacun va devoir faire face. Bon courage !

Reste à espérer que la crise arrive bientôt à son terme, sinon le monde du travail va devenir invivable. Parce que les entreprises semblent moins occupées à produire qu'à fabriquer des chômeurs.

Quoi qu'il en soit, je ne voudrais pas vous démoraliser. Excusez cet accès d'amertume, mais je ne suis pas encore remis de mes émotions. Trinquons ensemble pour nous porter chance et bonne continuation.

Discours à l'occasion de la venue de collègues étrangers au sein d'une entreprise

Nous sommes heureux de vous recevoir parmi nous pour cette période d'échange qui nous permettra de mieux connaître celles et ceux qui œuvrent, par-delà les frontières, au sein de notre société.

Il est, en effet, toujours intéressant d'échanger des points de vue et de comparer des méthodes de travail. Grâce à quoi nous gagnerons en souplesse et en efficacité. Par ailleurs, il est aussi très agréable de découvrir le visage de celles et de ceux dont on ne connaissait ici que la voix... ou la signature ! Les rapports n'en seront que plus personnalisés et le plaisir qu'on aura de collaborer en sera démultiplié.

J'ajoute encore – et c'est là peut-être le point essentiel – que cette rencontre sera, je l'espère, l'occasion de dépasser les seules relations professionnelles au bénéfice d'amitiés sincères et spontanées. Raison pour laquelle nous avons choisi d'allier l'utile à l'agréable en prolongeant nos journées d'études par des sorties informelles au cours desquelles nous vous ferons découvrir les lieux les plus représentatifs de notre ville et de notre région. Restaurants, théâtres, musées, cabarets et autres réjouissances sont ainsi au programme, parce que la détente est absolument indispensable... Surtout au cours de tels déplacements qui réclament, nous le savons tous, un investissement considérable.

De cette manière, votre séjour parmi nous sera, nous l'espérons, aussi agréable qu'enrichissant. Gageons donc de la réussite pleine et entière de cet échange. Bienvenue à vous et très bonne semaine en France.

Discours prononcé par le directeur d'une entreprise d'envergure nationale en l'honneur des cadres d'un service commercial de la division export, ayant remporté l'exclusivité d'un marché extérieur

« Patience et longueur de temps font plus que force ni que rage. » Cette morale de la fable *Le Lion et le le Rat* s'applique tout à fait au succès que vous avez remporté... bien que cette citation ne couvre, en fait, qu'une petite partie de votre travail. Car à la différence des deux compétiteurs, aucun de vous n'a agi seul dans cette affaire... ce qui rend le résultat d'autant plus méritoire. Rien n'est, en effet, plus délicat à gérer qu'une équipe, et rien n'est plus difficile à obtenir que la cohésion parfaite d'un groupe. Or, si j'en crois tout à la fois les rapports qui m'ont été faits et ce que j'ai pu observer moi-même de votre travail, force est de constater que vous avez réussi parfaitement votre coup, si j'ose m'exprimer d'une façon aussi vulgaire. Mais si votre stratégie a porté ses fruits, c'est que vous avez su mettre en commun les forces et les capacités de chacun, en pleine complémentarité. Une telle implication collective force, à coup sûr, le respect, d'autant que personne ne me semble avoir cherché à tirer les bénéfices personnels de son rôle. Rien d'étonnant, donc, à ce que vous ayez finalement remporté ce marché : vos interlocuteurs ne pouvaient que privilégier votre offre devant une telle force. Mais la satisfaction personnelle et la fierté légitime que vous tirez de votre réussite sont encore renforcées par l'intérêt formidable que représente cette conquête commerciale pour l'ensemble de la société. Cette bataille gagnée de haute lutte place, en effet, notre entreprise parmi les premiers groupes industriels de notre secteur, nous permettant ainsi d'affronter la compétition avec une confiance renforcée. Votre victoire n'en a que plus de retentissement.

Attention toutefois : nos exigences à votre égard tiendront compte des preuves nouvelles de vos capacités. Vous nous avez ouvert l'Europe, attaquez-vous au monde...

Discours prononcé par un représentant syndical à la veille d'une réunion de négociations salariales

Après bien des années de marasme, l'activité économique connaît un frisson nouveau. Oh, pas grand-chose sans doute, mais quelques signes bien concrets laissent à penser que la reprise n'est plus très lointaine. La société qui nous emploie ne fait pas exception à la règle, qui voit son carnet de commandes se remplir lentement mais sûrement. Bonne occasion pour faire valoir nos revendications en matière salariale, sans oublier qu'il serait maladroit de demander trop.

Inversement, pas question d'attendre que l'économie soit de nouveau sur ses rails pour exiger notre dû, sous peine de rater le train de l'expansion. Il faut, en effet, être très vigilant et faire bien comprendre au patron qu'il n'est nullement question de nous imposer un rendement supérieur sans contrepartie financière.

Toutes ces raisons m'amènent donc à proposer une négociation en deux temps, avec augmentation symbolique dès ce mois, complément étant contractuellement arrêté pour le prochain semestre, selon une fourchette qui prendra en compte les hypothèses les plus optimistes et pessimistes de développement. De cette manière, nous montrerons que nous sommes bien conscients de la réalité des problèmes actuels, sans accepter pour autant d'être les exclus d'une situation qui verrait le retour des profits. N'oublions pas que nous avons accepté de voir notre pouvoir d'achat amputé depuis bien des mois et qu'on ne saurait supporter plus longtemps un tel état de fait.

L'enjeu étant des plus importants, je tiens à ce que tous les salariés s'accordent sur les chiffres que nous allons discuter maintenant. L'union la plus large est en effet requise pour garantir le succès de cette négociation. N'hésitez donc pas à faire valoir votre point de vue, sans oublier que la mesure est de rigueur. Et souvenez-vous au besoin du fameux proverbe : « Un tiens vaut mieux que deux tu l'auras. »

Discours en l'honneur d'un cadre de PME ayant obtenu une commande importante

Négocier est un art dont les règles relèvent tout à la fois de la souplesse et de la rigueur. C'est dire qu'il n'autorise pas la moindre erreur ; ou plutôt qu'il implique une capacité d'adaptation particulière, seule capable d'intégrer l'ensemble des impondérables qui ne manquent pas de déstabiliser la stratégie mise en place pour l'occasion. Cela demande, vous le savez, autant d'intuition que d'expérience. Bref, une virtuosité constante faite, tour à tour, d'attention, d'humilité et de patience. Autrement dit : d'intelligence.

Cette longue introduction n'a, vous vous en doutez, pas pour but de rappeler des règles que vous maîtrisez très bien. Non, la véritable raison de cette intervention est de mettre en relief toutes les qualités dont vous avez fait preuve au cours de la négociation-fleuve au terme de laquelle vous avez arraché cet important marché. Depuis plusieurs mois, en effet, vous vous êtes totalement impliqué dans cette entreprise, que l'on peut désormais qualifier de véritable combat, tant il vous a fallu de pugnacité pour parvenir à l'emporter. Pugnacité fort civile et placide, au demeurant, puisque vous ne vous êtes jamais départi d'un calme dont vos collègues sont encore tout étonnés. En visant le but, vous n'avez jamais négligé tous ces détails essentiels qui émaillent le quotidien des tractations. Au contraire, même : vous avez su tirer parti de chaque élan, sursaut ou revers tactiques de vos interlocuteurs pour mieux parvenir à vos fins. Et quelle fin, puisque le contrat effectivement signé reprend, à peu de choses près, les conditions que vous aviez initialement soumises à l'attention de vos acheteurs. Aucun recul, donc, mais de judicieuses concessions dont l'ampleur du marché obtenu contrebalance avantageusement les manques à gagner.

Modèle du genre, cette négociation mérite, à coup sûr, de servir d'exemple aux jeunes commerciaux de l'entreprise... n'en déplaise à votre modestie. Après cet excellent travail, nous vous demanderons donc d'informer ces nouvelles recrues sur la manière dont vous avez opéré.

Ils pourront ainsi confronter leurs acquis théoriques aux réalités concrètes de l'expérience.

Discours d'un patron de PME pour motiver la force de vente de ses cadres commerciaux lors d'un séminaire annuel

En matière de commerce, vaincre c'est convaincre. Tâche d'autant plus ardue en cette période de piétinement économique qui pousse la concurrence à des excès parfois insupportables.

Ne vous laissez pas abattre pour autant : réussir sans lutter n'est pas digne d'intérêt ; d'une certaine façon, c'est même méprisable. Prenez plutôt prétexte de la compétition ambiante pour réaffirmer tout ce qui fait l'orgueil de votre activité. Battez-vous. Réinventez les techniques de vente. Allez chercher au fond de vous les ressources qui mettront hors circuit les commerciaux et autres représentants des sociétés rivales. Votre marge de manœuvre est des plus réduites ? Tant mieux ! Un tel défi devrait vous motiver. Car enfin, quoi qu'il en soit de la réalité des échanges actuels, le monde ne va pas s'arrêter. Les gens continuent à boire et à manger, à se vêtir, à se loger, à se distraire et voyager... Avec plus de parcimonie, sans doute ? Je vous le concède. Raison de plus pour s'adapter.

Les temps sont rudes : et alors ? A-t-on jamais vu un agriculteur renoncer à son métier sous prétexte que ses cultures ont gelé ? Ou un médecin abandonner sa clientèle parce que l'un de ses malades a succombé ? Non, non, croyez-moi : l'adversité renforce les forts et fait surgir des vertus insoupçonnées. Tout problème possède sa solution. Ne vous laissez donc pas impressionner par vos limites : elles peuvent être dépassées. Vous en ferez d'ailleurs l'expérience et trouverez sans doute que la démarche n'était pas surhumaine. Et je vous garantis, à terme, une récompense sans égal : le bonheur suprême d'avoir découvert son véritable potentiel.

Hardi, donc... A l'attaque !

Vous m'en direz des nouvelles.

Discours prononcé par un patron à l'occasion d'une restructuration interne consécutive à une fusion d'entreprises

Les contingences économiques actuelles se traduisent, vous le savez, par une compétition sans cesse plus aiguë entre les entreprises. Or, qui dit compétition, dit compétitivité à tous les niveaux, de la conception des produits à leur commercialisation, en passant chaque fois par une réduction drastique des coûts en matière de recherche, d'analyse, de fabrication et de distribution.

Pour en arriver à un tel résultat, il est donc nécessaire d'adapter l'outil industriel et commercial aux réalités concrètes du marché.

Deux solutions s'offrent alors aux responsables de l'entreprise: soit resserrer le budget de chaque département, au risque de perdre rapidement toute possibilité d'innovation et, partant, de réduire, à terme, l'activité même de la société ; soit se donner les moyens structurels d'assumer l'évolution spécifique du marché, en se rapprochant d'autres sociétés pour créer un pôle de production et de diffusion mieux adapté.

C'est, vous l'avez sans doute compris, cette seconde solution que nous avons choisie, parce que cette stratégie apparaît comme la plus prometteuse. De fait, la mise en commun des moyens et des compétences constitue un atout réussite clé dans le contexte économique troublé auquel nous sommes confrontés.

Revers de la médaille, cette stratégie de réunion implique une restructuration interne qui se traduira par une redéfinition des rôles et une réduction partielle des effectifs. Croyez bien que ce n'est pas de gaieté de cœur que nous envisageons un tel remaniement, mais il n'y a pas, aujourd'hui, d'autre solution pour viabiliser l'ensemble de nos activités.

Le choix qui se pose à nous ne s'accommode, en effet, d'aucune demi-mesure. En maintenant l'entreprise dans son organisation actuelle, nous sombrons par impossibilité de se positionner favorablement par rapport au marché. En revanche, si nous acceptons les bouleversements qui s'imposent, nous nous donnons les moyens de perdurer.

Il va bien évidemment de soi que cette restructuration se fera dans le plus pur respect des intérêts de chacun ; c'est ainsi que le plan de licenciement fera l'objet d'une négociation cas par cas, priorité étant donnée aux départs en retraite anticipée.

Mais nous n'en sommes pas encore là... Chaque chose en son temps. Pour l'heure, préparons-nous à relever le défi qui nous est imposé par les circonstances.

Nous avons tous intérêt à le gagner.

Réponse d'un responsable syndical au discours d'un patron à l'occasion d'une restructuration interne consécutive à une fusion d'entreprises

S'adapter aux contraintes du marché est une chose, préserver l'emploi en est une autre. Nous ne pouvons, en effet, accepter d'emblée l'idée selon laquelle un certain nombre de salariés de cette entreprise seront sacrifiés sur l'autel de la rentabilité. Nous avons bien conscience que les paramètres économiques actuels contraignent à des aménagements sans lesquels nous risquerions de compter des licenciements par milliers. Un moyen terme doit être cependant trouvé, tant sur le nombre des mises à pied que sur le choix des personnes impliquées. D'où la nécessité impérative de négocier au plus juste de façon à limiter l'ampleur des licenciements. Notre rôle consiste, en effet, à étudier avec vous les données du problème, afin de parvenir au meilleur équilibre.

Sachez d'ores et déjà, Monsieur le Directeur, que nous avons pris bonne note de vos intentions de discussions au cas par cas. Nous ne manquerons d'ailleurs pas de consulter les salariés susceptibles d'être intéressés par une mise en retraite anticipée. Il ne saurait toutefois être question pour vous d'imposer des choix qui ne seraient pas formellement légitimés par une situation précise. Raison pour laquelle nous vous demandons de créer au plus vite une cellule de réflexion préalable qui nous permettra d'analyser ensemble – et concrètement – les conséquences d'une telle fusion d'entreprises sur l'avenir des salariés.

Discours prononcé par un patron lors de l'inauguration de nouveaux bureaux

Tout vient à point à qui sait attendre... N'en a-t-on pas entendu des plaintes et des jérémiades sur la mauvaise disposition des bureaux, leur aménagement approximatif et leur vétusté notoire ? A juste raison, d'ailleurs. Mais ces mauvais souvenirs font maintenant partie du passé. Que voulez-vous : les murs et l'espace de travail ne sont pas d'une gestion aussi souple que celle de la société. Il fallait, en effet, attendre que les chiffres soient consolidés pour se lancer dans des travaux dont vous savez qu'ils représentent d'importants débours.

Nous voilà donc dans un décor pratique et confortable, qui respecte les désirs exprimés par chacun, environnement conçu pour préserver l'intimité tout en facilitant au mieux la communication entre les différents responsables et services. Cet environnement-là est donc propice à l'épanouissement personnel et professionnel de tous les membres de l'entreprise.

Vous constaterez, en outre, qu'un effort particulier a été fait en matière de décoration : comme vous, nous pensons, en effet, que l'esthétique est l'un des éléments clés du bien-être au travail. A cela, il convient d'ajouter le respect scrupuleux des règles ergonomiques fondamentales qui nous ont amenés à choisir le mobilier le mieux adapté aux contraintes engendrées par chaque poste. C'est dire l'importance que nous accordons également aux problèmes de santé.

Plus silencieux, plus douillet et plus rationnel, ce nouvel aménagement de l'espace est aussi beaucoup plus convivial. A vous d'en exploiter toutes les possibilités, de manière à en faire un véritable lieu de vie, d'échange et de confraternité.

Discours prononcé par un patron lors de l'inauguration d'une nouvelle usine

Adapter l'outil de travail aux contraintes de productions nouvelles est, vous le savez, une priorité en matière d'investissement industriel. Mais cette adaptation technique a également pour but de moderniser le cadre de travail, tant il est vrai qu'une entreprise digne de ce nom se doit de créer un décor conforme au bien-être de ses ouvriers. Impossible, en effet, de concevoir le progrès sans y inclure la dimension du confort.

Qui oserait prétendre aujourd'hui que l'on puisse travailler dans un espace sans chaleur et un environnement mal pensé ? Personne assurément. D'où la nécessité de joindre l'utile à l'agréable, pour humaniser encore plus avant les lieux et les outils dans et avec lesquels on passe la majeure partie de son existence.

Vous constaterez donc avec plaisir que nous avons mis les machines les plus performantes à votre disposition, en étudiant au plus près leur emplacement. De même, nous avons pris le plus grand soin à en limiter les nuisances, conscients que des excès de bruits et de chaleur sont hautement préjudiciables à l'exercice de votre profession. Enfin, nous avons attaché la plus grande attention à la décoration générale de l'usine, tous locaux confondus, de manière à créer une atmosphère des plus agréables.

Cette transformation radicale semble vous surprendre. Pour être franc, nous sommes aussi agréablement surpris du résultat, même si nous y avons été préparés par plans, dessins et maquettes interposés. Mais il y a toujours loin du croquis à la réalisation.

Qu'à cela ne tienne : il ne nous reste plus qu'à trouver nos marques dans ce nouvel espace et nous sommes prêts à parier que cela ne vous demandera guère d'efforts.

EXEMPLES DE DISCOURS AVEC ACCESSOIRES OU SUPPORTS AUDIOVISUELS

Discours d'un élève en l'honneur d'un professeur venant d'être décoré des palmes académiques (avec utilisation d'un *paperboard*)

Pourquoi les distinctions officielles viennent-elles si tard ? Si les autorités compétentes avaient pris soin de nous consulter, nous aurions eu l'occasion de leur dire que vous méritiez cet honneur depuis de très nombreuses années déjà. Et nous nous serions substitués à vous qui renâcliez à faire votre demande. Seulement voilà : votre modestie, alliée aux lenteurs administratives, ont abouti à une perte de temps notoire. Vous nous direz sans doute que ce détail n'est d'aucune importance. Pour vous peut-être, mais pas pour nous, vaniteux élèves qui nous enorgueillissons de la consécration – je pèse mes mots ! – de notre professeur...

Mais ne revenons pas sur le passé et posons-nous les questions primordiales : savez-vous vraiment qui vous êtes ? Avez-vous pleinement conscience de votre valeur et avez-vous seulement jamais songé à ce que vous pouvez représenter pour nous ? Sûrement pas, et c'est très bien comme cela. Parce que vous avez ainsi pu faire carrière sans vous préoccuper de votre image ; et parce qu'il nous est ainsi donné aujourd'hui de vous révéler à vous-même...

Comment oublier, en effet, l'homme [ou la femme] qui, chaque jour, entrait d'un pas heureux et décidé dans la salle, et commençait son cours comme s'il n'avait pas été interrompu la veille ? Et que dire de votre attitude qui est à jamais gravée dans nos souvenirs ? Vous n'aviez, en effet, pas votre pareil pour accompagner chacune de vos idées d'un geste de la main, laquelle plongeait dans le bac à craies pour inscrire au tableau les mots clés de votre exposé... (l'orateur imite alors son ancien maître en inscrivant des notes sur le *paperboard*) tout comme je le fais moi-même.

Emporté par votre élan, vous nous dessiniez même des schémas, des croquis et des figures chaque fois qu'une représentation concrète ou symbolique se faisait jour. Vous nous évoquiez les pyramides ? Hop là, un triangle isocèle apparaissait aussitôt sous vos doigts. Vous nous parliez d'une bataille ? En deux temps, trois mouvements, le ligne de front et la disparité des corps d'armée transformaient le tableau en une véritable maquette. Tant et si bien qu'à la fin du cours, nous avions sous les yeux un fouillis inextricable dans lequel nous nous orientions pourtant sans difficulté. Paradoxe : aucune fiche, aucune note ne nous auraient paru plus claires !

Une telle méthode d'enseignement méritait bien une couronne de lauriers. Permettez-nous donc d'y ajouter la nôtre en témoignage de notre plus fidèle attachement.

Discours à l'occasion du retour d'un jeune voyageur ayant parcouru le monde (avec utilisation d'un rétroprojecteur)

A l'heure où l'on joue à saute-frontière comme autrefois à saute-mouton, un tour du monde paraît une aventure presque banale. Il n'en est rien. Pour s'en convaincre, il suffit d'observer d'un peu plus près l'itinéraire qui vous a conduit dans des dizaines de contrées. (L'orateur fait alors apparaître la carte de l'Europe sur un mur, par l'entremise d'un rétroprojecteur. Dès cet instant, l'intervenant matérialisera l'itinéraire du voyageur à l'aide d'une règle glissant sur l'image, comme le ferait un professeur.)

Tout commence donc ici, très exactement, à Paris, au plein cœur de l'Europe, le 15 avril de l'année dernière. Cap à l'est, direction la Grèce par le chemin des écoliers, via le nord de l'Italie, le sud de l'Autriche, la Hongrie, la Roumanie et la Bulgarie. Un petit saut par-dessus le Bosphore et, hop, vous voilà un pied en Asie. (L'orateur fait alors apparaître la carte du continent.) Vous avalez l'Iran, le Pakistan, traversez l'Inde – non sans avoir fait un petit détour par le Sri Lanka, histoire de déguster une bonne tasse de thé –, vous vous aventurez en Birmanie, en Thaïlande et au Viêt-nam, avant de remonter par la Chine où vous restez plusieurs mois. Un saut de puce vous mène ensuite au Japon, d'où vous vous envolez bientôt pour l'Amérique du Nord. (Changement de carte.)

Là, vous quittez l'axe est-ouest qui fut jusqu'ici, peu ou prou, le vôtre, pour visiter le continent du nord au sud, avant de vous embarquer pour l'Afrique du Nord (changement de carte) et revenir à votre point de départ... Vaste périple dont l'accumulation de kilomètres est si imposante qu'à ce stade les chiffres ne signifient plus rien. Mais qu'importent les distances : ce sont les souvenirs qui comptent ; les souvenirs et l'expérience extraordinaire d'un tel voyage que vous allez maintenant nous compter par le menu...

Discours prononcé par d'anciens paroissiens en l'honneur d'un prêtre nommé évêque (avec utilisation d'un projecteur de diapositives)

Les honneurs dont vous couvre l'Eglise ne peuvent nullement effacer l'image que vous nous avez toujours donnée lorsque, jeune curé de notre paroisse, vous fîtes la connaissance de vos premières ouailles.

Travailleur attentif et acharné, vous devez votre titre à la constance de votre engagement et non à votre goût de la gloire. Je me souviens de votre réaction lorsque certains d'entre nous émirent l'idée que vous iriez certainement très loin ; vous aviez battu l'air d'un grand geste du bras, en disant que la gloire n'était guère utile à votre ministère, sinon en vous permettant de mener plus aisément les actions dictées par votre foi. C'est pourquoi nous avons voulu retracer votre carrière – pardon, votre parcours ! – d'une façon résolument non officielle. Regardez... (le montage qui est alors projeté fait défiler des images de l'ecclésiastique enfant, adolescent, jeune prêtre et curé, tandis que le commentaire évoque les étapes clés de sa progression dans la hiérarchie de l'Eglise).

Discours prononcé par un membre du comité de soutien à un maire venant de remporter les élections locales (avec utilisation du support vidéo)

Que vous ayez pu douter un seul instant de votre élection reste, pour nous, un mystère. Car, au-delà de notre certitude et de notre confiance, mille preuves objectives auraient dû vous rassurer sur l'issue de cette élection.

Nous n'avons toutefois pas cherché à vous contredire, sachant que seul le résultat sorti des urnes saurait vous convaincre. Maintenant que la chose est faite – et bien faite ! – laissez-nous vous présenter et commenter un petit film tourné à votre insu. Il s'agit d'une sorte de reportage réalisé au terme de votre campagne électorale, dont le point d'orgue est le discours que vous avez prononcé devant ceux qui allaient devenir vos administrés. Regardez bien ; regardez-vous bien.

(L'orateur fait alors démarrer le film et commente chaque séquence, mettant chaque fois en relief la ou les images les plus frappantes... et les plus parlantes). Par exemple :

Observez le visage de vos auditeurs ; remarquez combien ils sont attentifs à vos propos, témoignant ainsi que vous les avez convaincus et que leur choix est déjà fait... Et là, remarquez comment les commerçants vous reçoivent : il y a du respect et de la confiance, sans aucune circonspection... Ecoutez le silence qui se fait lorsque vous gagnez la tribune et souvenez-vous du chahut qui accompagnait vos adversaires à la même occasion, etc.

Chapitre VI

QUELQUES CITATIONS ET PROVERBES

Parce qu'elle est l'outil premier de la communication et du dialogue, la parole a suscité un grand nombre de réflexions dont certaines sont devenues proverbiales. Tout orateur peut donc enrichir, voire justifier son intervention en faisant référence à l'une ou l'autre de ces citations extraites de la littérature française et internationale (voir sélection ci-après), dont le bon sens et l'universalité ne font pas de doute. Signalons toutefois qu'il ne nous a pas été toujours possible de retrouver l'origine exacte (œuvre ou auteur) des citations suivantes. Ces citations appartiennent au patrimoine culturel de nos nations ; l'important est de faire référence à l'origine nationale !

Il y a un temps pour parler et un temps pour se taire.(L'Ecclésiaste)

Une bonne parole est comme un bon arbre dont la racine est solide et dont les branches vont jusqu'au ciel. (Le Coran)

La conversation (ou le discours) est l'image de l'esprit. (Auteur latin)

L'éloquence est la lumière qui fait briller l'intelligence. (Auteur latin)

A la parole, on connaît l'homme. (Auteur latin)

Les actes font croire aux paroles. (Auteur latin)

Les paroles sont comme la toile d'araignée : l'homme habile en fait un abri, le maladroit les subit comme un piège. (Madagascar)

Les sages paroles sont comme la canne à sucre : on aime à les sucer. (Madagascar)

Qui ne dit mot consent. (France)

Les paroles s'envolent, les écrits restent. (France)

Il faut tourner sept fois sa langue dans sa bouche avant de parler. (France)

Qui parle, sème ; qui écoute, vendange. (France)

Un coup de langue est pis qu'un coup de lance. (France)

La langue est la meilleure et la pire des choses qui soient. (Grèce)

Que ta langue ne devance jamais ta pensée. (Grèce)

Les paroles sont le souffle de l'âme. (Grèce)

L'éloquence a autant de force dans le gouvernement des hommes que le fer dans la bataille. (Grèce)

La parole est l'ombre de l'action. (Grèce)

Les oiseaux se capturent par les pattes, les hommes par la langue. (Inde)

Pour le sage, une parole est un remède. (Inde)

Celui qui répond est inférieur à celui qui questionne. (Inde)

Il ne faut pas compter les paroles, mais les peser. (Israël)

La vérité est la meilleure des éloquences. (Israël)

Ce qu'un homme ne dit pas constitue le vrai sel de la conversation. (Japon)

La parole, Ronsard, est la seule magie,
L'Ame par la parole est conduite et régie
(...) Car toujours parole est maîtresse du cœur.
(Ronsard, *Elégies XXI*)

Il ne suffit pas de parler, il faut parler juste.
(Shakespeare, *Le Songe d'une nuit d'été*)

Le parler que j'aime, c'est un parler simple et naïf, tel sur le papier qu'à la bouche, un parler succulent et nerveux, court et serré, non tant délicat et peigné comme véhément et brusque. (Montaigne, *Essais, I, 26*)

Quand on se fait entendre, on parle toujours bien.
(Molière, *Les Femmes savantes, II, 6*)

L'esprit de la conversation consiste bien moins à en montrer beaucoup qu'à en faire trouver aux autres : celui qui sort de votre entretien content de soi et de son esprit l'est de vous parfaitement.
(La Bruyère, *Les Caractères, De la société et De la conversation*)

Il est très malaisé de parler beaucoup sans dire quelque chose de trop.
(Louis XIV, *Mémoires*)

Les paroles sont aux pensées ce que l'or est aux diamants : il est nécessaire pour les mettre en œuvre, mais il en faut peu. (Voltaire, *Le Sottisier*)

La parole a été donnée à l'homme pour cacher sa pensée.
(Stendhal, *Armance*)

On reproche aux gens de parler d'eux-mêmes. C'est pourtant le sujet qu'ils traitent le mieux. (Anatole France, *La Vie littéraire*)

Il y a des gens qui parlent, qui parlent jusqu'à ce qu'ils aient enfin trouvé quelque chose à dire.
(Guitry, cité par F. Choisel dans *Sacha Guitry intime*)

L'action met les ardeurs en œuvre. Mais c'est la parole qui les suscite.
(De Gaulle, *Mémoires de guerre, l'Unité*)

Table des matières

Achevé d'imprimer
en mars 2000
à Milan, Italie, sur les presses
de Lito 3 Arti Grafiche s.r.l.

Dépôt légal : mars 2000
Numéro d'éditeur : 6383